青春文庫

誰も知らなかった日本史

その後の顛末

歴史の謎研究会[編]

青春出版社

はじめに

日本の歴史上、輝かしい功績を残した偉人も多い。その分野も政治家、武将、学者、芸術家、宗教家、商人……など多岐にわたる。なかには、名もない一介の市井人が、ひょんなことから表舞台に立った例も珍しくない。

本書は、そうした日本史を彩った偉人たちが、まばゆいスポットライトを浴びた後、亡くなるまでどんな足跡を辿ったかを追った。『日本書紀』に登場し相撲の起源とされる野見宿禰から、覇権争いに明け暮れた戦国武将たち、明治維新の扉を開いた幕末の志士たち、さらに近代日本が経験した最大のクーデター、二・二六事件に加わった下級兵士まで、古今・階層を問わず、バラエティに富んだ顔ぶれを約四十人取り上げている。

自らも思いもしない運命に翻弄され非業の最期を遂げた人、絶頂期とは百八十度異なる境遇に身を置いて再び輝きを放った人など、彼らの〝その後〟は人生のピーク時に劣らずドラマチックだ。本書が、日本史の奥深さにふれるきっかけとなれば、これ以上の喜びはない。

二〇一七年二月

歴史の謎研究会

誰も知らなかった日本史　その後の顚末◉目次

一　波乱と激動の時代を生きた男たちの「結末」……9

上杉家を〝柱石〟として支えた直江兼続の「関ヶ原後」　10

戦国きっての傾奇者・前田慶次はどこに消えたのか　17

関ヶ原の戦いで徳川家康についた真田信之の知られざるその後　28

厳しい弾圧で「棄教」した二人のキリシタンの謎と真実　36

安政の大獄から桜田門外へ…井伊直弼をめぐる男たちの群像　45

坂本竜馬暗殺犯の消えた「足どり」は何を語るか　55

幕末期に太平洋を横断した咸臨丸乗組員の「それから」　66

二　大事件を起こした主役たちの消えた「足跡」……77

大坂の陣で光芒を放った豊臣方の豪傑たちが遺したもの　78

〝変人大名〟徳川宗春が将軍・吉宗を相手に最後まで渡りあえた理由　89
二人の天下人に仕えた福島正則の〝空白の最後〟をめぐる謎　98
豊臣政権の末期を支えた五奉行が辿った知られざるその後　107
忠臣蔵では〝卑怯者〟とされる二人の男の不可解な行方　116
幕末の京洛で凶剣をふるった四人の人斬りは、どんな最期を迎えたか　126
〝最後の仇討ち〟を決行した臼井六郎の語られなかったその後　136
二・二六事件に加わった兵士たちが辿った「いばらの道」　144

三　世紀の偉業を成し遂げた偉人たちの「それから」……153

天才絵師・葛飾北斎の「晩年」をめぐるもうひとつの物語　154
江戸の寿司ブームを牽引した華屋與兵衛が歴史の〝舞台〟から降りた後　163
『八犬伝』を執筆した曲亭馬琴が歩んだ〝鬼才の一生〟　169
数奇な運命を乗り越え、シーボルトの娘が女医・楠本イネになるまで　177

自然科学の父・南方熊楠の米英遊学後の紆余曲折とは？　185
日本の紙幣の父・キヨッソーネは引退後をいかに生きたか　197
植物学者・牧野富太郎が東京帝大を辞めてからの苦難の「道のり」　205
日本初飛行の栄誉を手にした二人のパイロットの〝不遇〟のその後　214
不滅の六十九連勝を成し遂げた大横綱・双葉山の「幕引き」後とは？　222

四　歴史の流れを変えた立役者の「その後」……231

源義経の兄源範頼を待ち受けていた、まさかの事態とは？　232
信長の重臣・荒木村重はなぜ主君に刃を向け、新たな人生を選んだか　239
夫・秀吉が亡くなった後のおねが歩んだ意外な後半生　247
維新の扉を開いた生麦事件で起こったもうひとつのドラマ　255
最後の剣客・榊原鍵吉は維新後の世をいかに生きたか　263
明治末期の超能力ブーム「千里眼騒動」の不可解な経緯　275

五　数奇な運命を辿ったあの人の「顛末」……285
相撲の起源に名を残す野見宿禰が果たしたもうひとつの役割とは？　286
本能寺の変をくぐり抜けた二人の博多商人のその後　293
天正遣欧少年使節団の帰国後の数奇な運命とは？　301
魔王・織田信長を父に持つ十一人の男子たちの「足跡」　309
宮本武蔵と対決した吉岡一門の「その後」をめぐる謎　315
高級遊女・高尾太夫が身請け後に刻んだ謎の「足どり」　325
蝦夷地を探検した秀才・近藤重蔵が後に流罪となるまで　335
泣く子も黙る首切り役人・山田浅右衛門は明治の世をどう歩いたか　343

カバーイラスト……シゲリカツヒコ
本文写真提供……毎日新聞社
本文写真提供……国立国会図書館
本文イラスト提供……Shutterstock
Arporn Seemaroj/shutterstock.com
Elina Li/shutterstock.com
本文図版作成……ハッシィ
DTP……フジマックオフィス
協力……カミ通信（新明正晴）

一　波乱と激動の時代を生きた男たちの「結末」

上杉家を〝柱石〟として支えた直江兼続の「関ヶ原後」

▼景勝と上杉家のために命をかける

戦国大名の覇業を補佐した名参謀にも数多いるが、その中であなたは誰の名前を思い浮かべるだろうか。

参謀の中で史上最も有名なのが、武田信玄の軍師を務めた山本勘助であろう。甲州流軍学書『甲陽軍鑑』では、勘助は『三国志』の伝説的軍師・諸葛孔明に勝るとも劣らない智謀の将として登場する。あとは、豊臣秀吉の天下統一事業を支えた竹中半兵衛と黒田官兵衛、徳川家康の影に徹し、まさに「謀臣」の異名がふさわしい本多正信、伊達政宗の家臣で、その人物に惚れ込んだ秀吉から引き抜かれそうになった片倉小十郎景綱……などがいる。

しかし、もう一人、忘れてならない参謀がいる。上杉景勝の片腕にして、上杉家越後の竜・上杉謙信の養嗣子となり、二十五歳で上杉家の当主となった景勝。その景勝が全幅の信頼を置いたのが、自分より五歳年下の兼続であった。

幼少期より謙信の薫陶を受け育った兼続は、十代の半ばに景勝の側近くに仕えると、以来、上杉氏の内乱・御館の乱、豊臣秀吉との和議、新発田重家討伐、佐渡平定、さらに天下分け目の関ヶ原の戦いにおける徳川家康との虚々実々の駆け引き……などなど事あるごとに文武両面でその才能を如何なく発揮し、景勝と上杉家のために命がけで働いた。

そんな戦国期の上杉家最大の功臣である兼続は、関ヶ原の戦いで家康に降伏した後、一体どんな人生を歩んだのであろうか。

▼追撃していたら歴史は変わっていた？

徳川家康が、会津（福島県）の上杉氏を討つべく兵を挙げたのは、関ヶ原の戦いが起こる三カ月前、すなわち慶長五年（一六〇〇）六月初旬のことであった。

その二カ月前、家康は上杉景勝に対し、弾劾状を送っていた。その内容とは、近頃、軍事力を増強しはじめた景勝の行いを咎め、「異心がないのなら、わしのところへ来て、弁明してみせるがよい」と景勝を恫喝したのである。

これに対し、直江兼続が主君になりかわって家康に返書をしたためた。その内容がなんともふるっていた。謀叛の疑いを全面的に否定するばかりか、堂々と家康を批判する言葉を散りばめていたからだ。

家康は、この通称「直江状」を読んで憤慨し、上杉討伐を決心したと伝えられる。

ところが、上杉討伐軍が下野国（栃木県）小山まで北上して来たときのことだった。石田三成挙兵の一報が家康の陣にもたらされる。この知らせを心待ちにしていた家康は全軍に対し、上杉討伐を中止してただちに西進するよう命じた。

家康軍が下野から引き揚げたことを知った兼続は、景勝の前に進み、「即刻会津から打って出て、追撃するべきです」と具申したという。ところが、景勝はこう言って動かなかった。

「謙信公は敵の背後を襲うがごときふるまいは、かつて一度もしなかった」

まさに、謙信同様、子の景勝もまた義の人、義将であった。歴史に〝もしも〟は許されることではないが、もしもこのとき、上杉軍が家康軍の背後をついていたら、家康軍はあれほど素早く西進することができず、三成にたっぷり準備の時間を与えたはずである。そうなれば、のちの関ヶ原決戦の結果は違ったものになっていたかもしれないのだ。

▼洪水対策に心血を注ぐ

関ヶ原の戦いが家康の大勝利に終わると、景勝は潔く家康に降伏を申し出た。当初は、御家の改易や景勝と兼続主従の切腹も予想されたが、家康は、それまでの百二十万石から出羽米沢三十万石への減移封にとどめ、上杉家の存続を認めた。景勝と兼続主従に切腹や謹慎を命じることもなかった。

これは、上杉家が代々武功の名門であること、そして、今回の徳川への反抗は故太閤（豊臣秀吉）への忠誠を示した結果に過ぎないこと——などを家康が汲んだからであった。そもそも、上杉に謀叛の疑いありと騒いで、火の無いところに煙を立てたのは家康のほうだっただけに、家康自身、そのことを内心負い目に感じていて厳しい処分を下せなかったのであろう。

慶長六年（一六〇一）十一月二十八日、上杉景勝は米沢城に入った。大幅な減封にもかかわらず、景勝は家臣をリストラするようなことはしなかった。当時の記録を調べると、家臣とその家族、さらに商人、職人、寺社の関係者などおおよそ三万人が会津から米沢に移住したとみられている。

主君景勝から米沢の町づくりの責任者に命じられた兼続は、それこそ寝る間も惜しんで働いた。城の普請をはじめとする城下町の建設、治水と植林、新田開発、農商工業の振興、技術導入、鉱山開発……などなど課題は山積していた。兼続は、これらをすべて同時進行で着実に一歩一歩推し進めていったのである。

なかでも、このとき兼続が河川の洪水を防ぐために、城下の東を流れる暴れ川・松川（最上川の支流）に築いた二つの堤防（「谷地河原川除」と「蛇土手」）は特筆されてよい。前者は長さ約三キロメートル、後者は約八キロメートルもあった。洪水を何としても食い止めたいという、兼続の治水にかける執念をしのばせる一大土木事業だった。これらの遺構は今日も見ることができる。

▼金山開発や鉄砲の製造まで

兼続は新田開発にも努め、表高三十万石に対して内高五十一万石と言われるまでに開発を進めたという。鉱山開発では、現在の山形県中部の白鷹町や南陽市荻などにあった金山から相当量の金を産出していたようである。

兼続はまた、一朝事あるときを想定し、鉄砲の製造にも力を入れていた。鉄砲産地として知られた近江国（滋賀県）国友村から職人を高禄でスカウトし、城下のはずれの山中で密かに製造させていたのである。一年に少なくとも二百挺以上の生産能力があったとみられている。火薬の原料である硫黄は領内の各所から豊富に産出されたという。

このように兼続は国力を高める努力を怠らない一方で、上杉家と徳川家の融和を図ることにも心を砕いている。その一例が、徳川家の重臣本多正信の次男政重を自身の娘の婿養子にもらい受けたことだ。お陰で、大坂の陣の際には正信のとりなしが功を奏し、三分の一にあたる十万石分もの軍役が免除されたという。

兼続は戦場にあっては優れた武将だったが、賢明さと実行力を兼ね備えた一流の政治家でもあったのだ。さらにまた、文化人・蔵書家としての顔もあり、自ら漢詩を詠んだほか、連歌もよくした。蔵書では、『史記』『漢書』『後漢書』（以上、国宝）、医学書の『備急千金要方』（重文）の四書が知られている。いずれも宋代の古い木版印刷で、本国の中国ですら完全な形で伝わっていない稀覯本である。

▼上杉鷹山の登場で再評価が高まる

慶長十九年（一六一四）十月の大坂冬の陣の際は、言うまでもなく徳川方に加勢した。同月二十五日の鴫野の戦いでは、上杉勢は味方に倍する敵の守備隊を蹴散らし、その勇猛さを見せつけている。翌年の夏の陣では上杉勢は京都警備を担当し、戦闘には直接かかわっていない。

元和五年（一六一九）十二月十九日、兼続は米沢藩の江戸屋敷で亡くなった。肺結核とみられている。享年六十。将軍秀忠は兼続の死去を知り、香典として銀五十枚（七十枚とも）を下賜した。陪臣としては異例のことだった。

兼続の死後、家康に刃向かい、上杉家を窮地に陥らせた奸臣と評価されることもあったが、のちに米沢藩第九代藩主上杉鷹山が登場し、兼続を手本に藩政改革を行なったことから次第に再評価が高まり、今日の兼続人気につながったのだという。

兼続の死から四年後、兼続にとっては主君であり兄でもあった景勝が六十九歳で亡くなった。後継者には嫡男定勝が米沢藩二代藩主の座についた。

戦国きっての傾奇者・前田慶次はどこに消えたのか

▼知識人＆風流人としての一面も

戦国史を彩った武将の一人に、前田慶次がいる。近年になって、戦国時代を題材にしたゲームの中で知勇兼備の愛すべきキャラクターとして登場することが多いせいか、年配の歴史ファンよりむしろ若い世代に人気が高い武将だ。

そもそも前田慶次の名が歴史ファンに広まったのは、隆慶一郎が一九八〇年代後半に発表した痛快時代小説『一夢庵風流記』によるところが大きい。その後、同小説を原作に少年漫画週刊誌で連載された『花の慶次―雲のかなたに―』（原哲夫・作画）が大ヒットし、若い歴史ファンの間で前田慶次の名は不動のものとなった。

これら小説や漫画に登場する前田慶次は、二メートル近い大男で、戦国一の傾奇者と称されたほどいつも奇抜ないでたちをしていた。そんな慶次はいざ戦となると常に先陣を駆け抜け、朱柄（あかえ）の大槍（やり）をふるって敵を蹴散らし、『三国志』の関羽（かんう）・張飛（ちょうひ）を髣髴（ほうふつ）とさせる超人的な活躍をみせた。束縛されることを嫌い、わずかな家来を引き連れ、諸国を放浪する自由人。それでいて古今の書に親しみ、連歌や茶道にも通じた知識人&風流人としての一面も併せ持つという魅力たっぷりのキャラクターである。

前田慶次が実在の人物であることは、様々な史料から明らかだ。ところが、小説や漫画に描かれたキャラクターがそのまま実像とみるわけにはいかない。なぜなら、出生や足跡、特に後半生をどう過ごしたかについてほとんどわかっていないからだ。

本項では、そんな戦国の快男児・前田慶次が、義理の叔父（おじ）・前田利家（としいえ）（加賀藩主前田氏の祖）のもとを出奔（しゅっぽん）してから亡くなるまでの約二十年間の謎多き足跡をたどった。

▼前田利家の兄利久の養子となる

前田慶次の略歴を伝える史料として、加賀藩の編年史料集『加賀藩史料』と、慶次が晩年を過ごしたとされる米沢藩に伝わる史料の二種類がよく知られている。加賀藩側の史料によると慶次の生年は天文二年（一五三三）とあり、米沢藩側の史料では天文十年（一五四一）とある。両者に八年の開きがあるのだ。没年も、前者は慶長十年（一六〇五）に七十三歳のとき、後者は同十七年（一六一二）に七十二歳のときだと記録されている。

一体、どちらの説を信じればよいか悩むところだが、慶長五年（一六〇〇）の関ヶ原の戦いで、慶次自身、人生最後の合戦に参加して功を立てているという事実を考慮すれば、このとき加賀藩説では六十八歳、米沢藩説では六十歳となり、加賀藩説は少し無理があるようだ。そこで本項では、米沢藩説にしたがって話を進めていくことにする。

慶次は、織田信長軍団にその人ありと言われた武将・滝川一益に近い筋の出という。父親はわかっていない。母親が前田利家の兄利久に再嫁したことが縁で利久の養子となり、以来前田姓を名乗った。

永禄三年（一五六〇）、利久・利家兄弟の父で尾張荒子城（名古屋市中川区）城主前田利春が亡くなると、利久が前田家を継ぎ、新しい荒子城城主となった。ところが、利久は病弱だったため、信長が利久を隠居させて家督と城を弟の利家に与えてしまう。次期荒子城城主と目されていた慶次は一転、城を退去するはめに陥った。永禄十二年、慶次二十九歳のときのことである。

▼京都では一流の文化人たちと交流

その後、十四年間というもの、慶次は主に京都にいたらしいが、ほとんど足跡は伝わっていない。慶次は当時の武将には珍しく和歌や漢詩、茶道に明るかったことを考慮すれば、この時期、京都で当代一流の文化人たちと交流を持ちながら穏やかな日々を過ごしていたとみて間違いないだろう。

慶次の運命が激変したのは、天正十年（一五八二）に起こった本能寺の変がきっかけだった。翌年、羽柴（豊臣）秀吉が柴田勝家との天下奪りレースに勝ちを収めると、秀吉に味方した前田利家は加賀と能登を与えられ、金沢に入る。利家は利久・慶次父子を呼び寄せ、兄利久には二千石、甥の慶次には五千石を与えた。慶次四十三歳のときだ。以来、慶次は利家の忠実な家来となって数々の戦で功を重ねていく。

例えば、天正十二年九月、秀吉と、織田信雄（信長の息子）・徳川家康連合軍との間で繰り広げられた小牧・長久手の戦いでは、越中国（富山県）の佐々成政が織田・徳川連合軍に呼応し、前田方の能登国末森城（石川県宝達志水町）を襲ったが、慶次は佐々軍の背後をつく奇襲戦を仕掛け、見事に撃退している。また、翌天正十三年四月、佐々成政から奪った阿尾城（富山県氷見市）の城将をしていた際も、成政に命じられた神保氏張が五千の兵で城奪還に押し寄せたが、慶次は二千の兵でこれを追い払っている。

戦に臨む慶次のいでたちこそ見ものであった。戦国武将の逸話集『常山紀談』によれば、「黒革胴の具足をつけ、猩々緋の陣羽織、金泥の数珠の総に金瓢箪をつけたものを襟にかけ、髪のついた山伏頭巾をかぶり、愛馬にも同じような頭巾をかぶらせていた……」とある。まさに、傾奇者であった。

▼諸大名の前で猿踊りを披露

また、慶次が着用したとされる甲冑が現存しているが、他の武将のそれと比べて特に大きいとは言えないという。慶次は二メートル近い大兵だったというのはどうやら小説や漫画の創作と思って間違いないようだ。

前田利家は、自身も若いころは傾奇者として鳴らしただけにそんな慶次のことが内心では大好きだった。しかし、今や百万石の太守となった利家は立場上、普段からいたずら好きで人を食ったところが往々にして見受けられる慶次に対して態度を改めるよう何かと説教じみた苦言を呈するようになる。

天正十五年（一五八七）八月、義父利久が没した。慶次はこれによって前田家と縁が切れたわけである。おそらく慶次はその後、肩身の狭い思いをしながら利家のもとで暮らしたに違いない。

そんな堅苦しく退屈な日々が我慢できなくなったのか、ある日とつぜん慶次は暴発してしまう。それは、利家が自邸に諸大名を招いたときに起こった。

諸大名が居並ぶなか、興がのった慶次がふいに立ち上がって、猿のしぐさを真似た滑稽な踊りを披露しはじめたのである。いまや信長に代わる天下人となった秀吉は、その容貌から猿のあだ名がつけられているのは周知の事実だった。

このことが秀吉の耳に入ったら、と利家をはじめ諸大名は慶次の悪ふざけを、ただ苦虫をかみつぶして見守るばかり。そんな一座の空気を知ってか知らずか慶次の踊りはいよいよ滑稽さを増し、あげくには諸大名の膝に順番によりかかったりする始末だった。

▼堅苦しい利家のもとから去る

このとき、慶次がどうしてもそばに近付けない大名が一人だけいた。越後国（新潟県）の上杉景勝である。言わずと知れた越後の竜・上杉謙信の後継者だ。景勝は端然と座し、ただ黙って慶次の猿踊りを見守っていたが、威風、あたりを払い、さすがに無鉄砲な慶次もそばに寄れなかったのである。

慶次はのちに「仕えるなら、景勝公しかいない」と思わず漏らしたことが伝わっている。

その後慶次は、「口うるさい叔父のもとにいるのはもうこりごり」と前田家を出奔してしまう。それは秀吉が小田原城を攻め、天下統一を成し遂げた天正十八年（一五九〇）以降とみられている。根っからの自由人を繋ぎ止めておくことは誰にもできない相談だったのだ。慶次五十歳ごろのことである。

慶次は利家のもとを去る際、「いつも迷惑ばかりかけて申し訳ないから」と利家を騙し、冷水風呂に入れている。せめてもの腹いせだったのだろうが、この「水風呂馳走」はいかにも慶次らしい逸話である。

その後、慶次は再び京都に滞在し、花鳥風月を愛でながら悠々自適の日々を過ごしたという。このころ生涯の友となる上杉家の重鎮、直江兼続と出会っている。

この京都時代、慶次は秀吉から聚楽第に招待されている。秀吉が「評判の傾奇者をこの目でぜひ見てみたい」と言い出したからだった。当日、慶次は虎皮の肩衣に朱の革袴という異様な風体で秀吉の前に参上した。最も不思議なのは髪形で、髪の毛を片側に思いっきり寄せ、そこに髷を真横に立たせていた。

▼秀吉から傾奇御免のお墨付きを

「これは……？」と同席した諸侯が思わず息をのんだ。秀吉とて例外でなかった。しかし、自分の目の前で慶次が腰を下ろして平伏すると、秀吉は再度驚かされることになった。

貴人の前で平伏する場合、額を畳につけるのが当たり前だが、慶次は頭を横に寝かせて側頭部を畳につけてみせたのだ。このとき髷だけが天井に向かってぴょこんと立っていたのが、何ともおかしかった。「お前なんぞに、心底服従したわけではない」と慶次は無言で傾奇者の意地を貫いてみせたのである。

次の瞬間、秀吉は手を叩いて喜ぶと、こう言った。

「面白い男じゃ。褒美に馬を取らせよう」

すると慶次は、

「かたじけのうござります。されば暫時お待ちくださりませ」

そう言ってその場を離れたが、しばらくして秀吉の前に戻ってきたときは、髪も装束もすっかり正式なものに改めていた。その見事な変身ぶりに、いよいよ秀吉は面白がり、慶次に対し「傾奇御免」の許可を与えた。どこで誰にどんな無法なことをしても罪には問わない、わしが許すとお墨付きを与えたわけである。

慶次が上杉家に仕官したのは、景勝が越後から会津百二十万石に移封された慶長三年（一五九八）から関ヶ原の戦いが起こった同五年の二年間とみられている。景勝から頂戴した禄は一千石だった。

慶長五年九月、関ヶ原の戦いが起こると、ほぼ同時期に連動して起こった〝東の関ヶ原〟長谷堂城の戦い（山形市）において慶次は、西軍についた上杉軍の将として東軍の最上義光（もがみよしあき）と干戈（かんか）を交えた。このとき六十歳になっていた慶次は老いを気振（けぶ）りにも見せず、自慢の朱槍をふるって大暴れした。特に、味方の撤退時に慶次の真骨頂（しんこっちょう）が発揮されている。

▼高禄での仕官の誘いが舞い込む

景勝が関ヶ原での石田三成（いしだみつなり）の敗戦を知り、あわてて軍を撤退させようとしたが、案の定、最上・伊達（だて）連合軍から猛追を受けた。このとき敵軍の前に立ちふさがったのが慶次で、この殿戦（しんがりせん）での慶次の奮戦によって上杉軍は敵の追撃をからくも振り切ることができたのであった。

関ヶ原の戦いで家康が勝利すると、西軍についた上杉家は会津百二十万石から米沢三十万石に減移封されることとなった。慶次は主君に随（したが）って米沢に移り住む。長谷堂城の戦いでの慶次の奮戦ぶりは広く知れわたっており、高禄での仕官の誘いがあちらこちらから舞い込んだが、「わが主人は景勝公ひとり」とすべて断っている。

米沢では居宅を「無苦庵（むくあん）」と名付け、直江兼続らと詩歌に親しむ穏やかな日々を過ごす。亡くなったのは米沢に来てから十一年後だった。亡骸（なきがら）は北寺町の一花院

（のち廃寺）に葬られたなど諸説あるが、はっきりしたことはわかっていない。

晩年、慶次自身が書き遺した『無苦庵記』に、死生にこだわらないいかにも戦国武将らしい彼の人生観が色濃く反映されているので、最後にその一節（意訳）を紹介しよう。

「そもそもこの無苦庵（慶次自身のこと）には孝行すべき親もなければ行く末を気にかける子もいない。信仰心は持たないが、髪を結うのが面倒なので頭は剃っている――中略――寝たければ昼でも寝るし、起きていたければ夜中でも起きている。極楽浄土に行きたいと思う欲はないけれど、地獄に落ちるほどの罪も犯していないはずだ。生きるだけ生きたら死ぬまでのことだ」

実に、無欲恬淡としたものであった。

関ヶ原の戦いで徳川家康についた真田信之の知られざるその後

▼気苦労ばかりが多い後半生

真田信之は、戦国期随一の智将と称された真田昌幸の嫡男にして、関ヶ原合戦後の大坂の陣において徳川家康を大いに苦しめた真田信繁（幸村）の実兄でもある。父や弟の華々しい活躍に比して信之の存在感は至って薄いと言わざるを得ない。せいぜい信州（長野県）松代藩の初代殿さまで、九十三歳という戦国武将の中でもナンバーワンの長命を保ったことで知られるくらいだ。

天下分け目の関ヶ原合戦では、父昌幸と弟信繁が石田三成（西軍）に味方し、自分一人が徳川家康（東軍）についた。信之三十五歳のときだ。どっちが勝っても真田家が後世に残るようにと考えた昌幸の指示によるものだった。この関ヶ原合戦後、信之はなんと六十年近くも生きたことになる。しかも、隠居したのは亡くなるわずか二年前だ。信之にとってその六十年はどんな人生だったのだろうか。

実は、かつて父や弟が徳川家に弓を引いたばかりに、いつ真田家が幕府から取り潰(つぶ)しを命じられるかと信之は戦々恐々の日々を過ごしていたことがわかっている。おまけに最晩年には真田家の命運を左右する家督争いに巻き込まれる始末だった。

このように、けっして派手さはないが、松代藩真田家を明治維新まで存続させる礎(いしずえ)を築いた信之の、気苦労ばかりが多い後半生をたどった。

▼上田藩から松代藩へ加増転封

慶長五年（一六〇〇）九月の関ヶ原合戦後、真田信之はそれまでの上州（群馬県）沼田領に、父昌幸の旧領だった信州上田と新たな加増分も加え、九万五千石の大名となった。このとき、徳川家に背(そむ)いた父との決別を表明するため名を、それまでの信幸から信之に改めている。

昌幸と信繁の父子(おやこ)はかつて二度にわたる上田合戦で家康に煮え湯を呑ませていただけに、関ヶ原後は当然のように死罪になるはずだった。ところが信之の必死の嘆願と、信之には舅(しゅうと)に当たる本多忠勝(ほんだただかつ)のとりなしが奏功し、二人は罪一等を減じられ紀伊国（和歌山県）九度山に配流（はいる）となった。信之の妻小松姫は、家康麾下（きか）にあって猛将ぶりをうたわれた忠勝の娘で、このときの忠勝のとりなしがなければ家康は十中八九、昌幸と信繁を殺していたはずである。

その後、大坂冬・夏の両陣が起こると、病床にあった信之は自分の名代として息子の信吉（のぶよし）と信政（のぶまさ）を参陣させた。このころ信之は軽い中風を患っていたとされているが、実はこれは仮病だったという説がある。

大坂城に籠（こも）る弟信繁と争うのは肉親の情としてどうしても避けたかった信之は、徳川からの参戦要請にしばらくはぐずぐずと態度を決めかねていたという。そこに登場したのが妻小松姫だ。

「このままでは真田家が滅びかねない」

そう考えた小松姫は夫に相談せず独断で二人の息子を大坂に向かわせたというのだ。真相は不明だが、父本多忠勝の血をひいた小松姫は知恵も度胸もある賢夫人だったことがわかっており、この逸話はあながち嘘とは言い切れないだろう。

そんな小松姫も信之が五十五歳のとき、四十八歳で病死した。その際信之は、「わが家の灯（ひ）が消えた」と思わず漏らしたという。この一言は普段からそれだけ妻を信頼していた証拠と言えよう。

大坂夏の陣の翌年（一六一六年）、信之は嫡男信吉に沼田領を譲り、自らは上田城に移る。その六年後、信之は上田藩六万五千石から松代藩十万石への加増転封を徳川幕府から命じられる。沼田領三万石はそのまま安堵されたため、この時点で信之は合計十三万石を領したことになる。

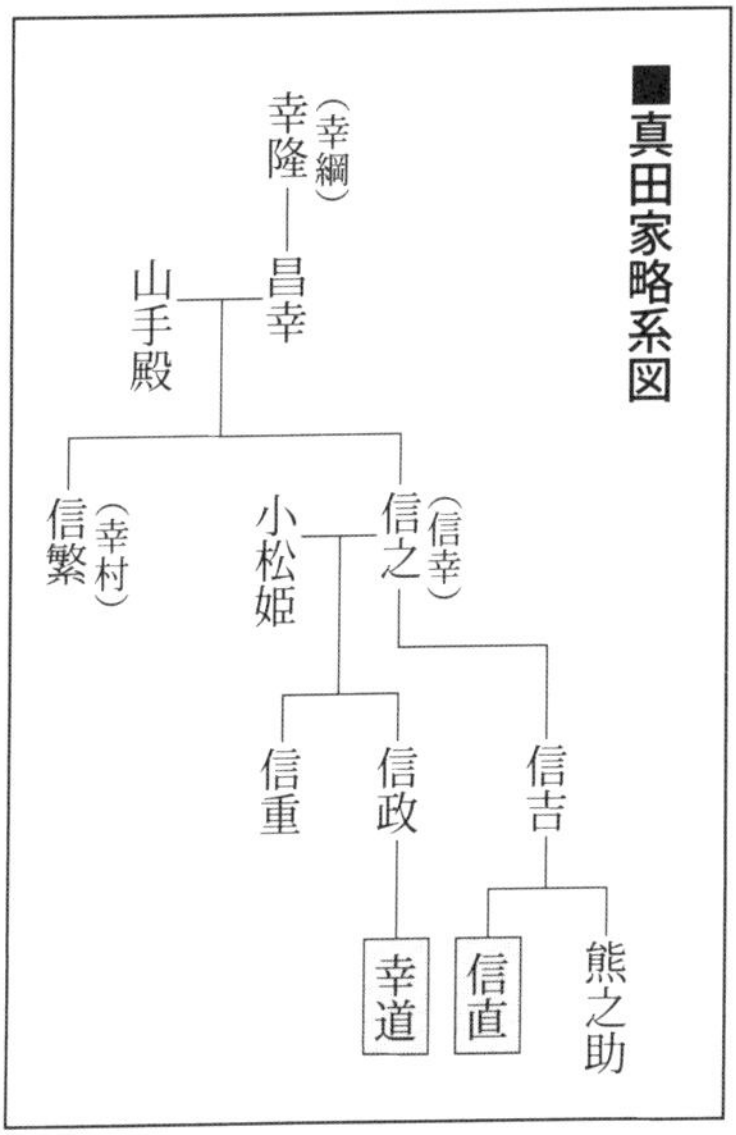

■真田家略系図

九万五千石から十三万石と数字だけを見ればこの転封は喜んでいいはずだったが、松代は肥沃な上田に比べると水害も多く実質は減収だった。しかも、父祖伝来の上田の地を離れることは信之以下真田の人々にとって身を切られるに等しい辛い出来事だった。

この転封劇の裏側には、多

分に二代将軍秀忠の意志が反映していた。秀忠は関ヶ原直前の第二次上田合戦において、自ら大軍を率いていながら寡勢の真田軍に翻弄されるという失態を犯していただけに、真田のことが大嫌いだった。そこで、真田を要衝の地の上田にとどめておくのは危険と判断し、江戸からは少しでも遠ざけようとしたというのが真相らしい。

信之は余程腹に据えかねたのか、引っ越しの際、検地資料などの重要書類を焼き捨てた上で、城内の植木や石灯籠などをすべて引き抜き、持ち去ったと伝わる。そのため信之の代わりに仙石忠政が信州小諸から移ってきた際、内情を把握できず大いに困ったことが記録されている。子供っぽいと言ってしまえばそれまでだが、信之は、この転封に納得していないぞと将軍秀忠に対しささやかな抵抗を示したわけである。

▼藩を二分する跡目相続騒動

その後信之は初代松代藩主として、町づくりや産業振興に力を尽くす一方、質素倹約を励行するとともに文武を奨励し、松代藩真田家の礎を築き上げた。

信之が最晩年になっても隠居しなかったのは、後継者が次々と早死にしたからである。彼自身が非常な長寿だったのに比べ、周囲の人たちは皆早世であった。前述したように妻小松姫が四十八歳で亡くなり、さらに嫡男信吉四十二歳、その子の沼田三代城主熊之助七歳、三男信重（のぶしげ）四十九歳、二男信政六十二歳――という具合で、父昌幸以来の重臣らも次々に彼岸（ひがん）へと旅立った。そこで仕方なく、老骨に鞭（むち）打ち、自らが先頭に立って藩のかじ取りを行ったのである。

幕府へ出していた隠居願いが聞き入れられたのは四代将軍家綱（いえつな）の治世下で、明暦（めいれき）二年（一六五六）、信之九十一歳のときだ。信之は、松代領十万石を信吉亡きあと沼田城主となった二男信政に譲り、沼田領は信吉の二男信直（のぶなお）に与えた。そして自らは松代の北方にある寒村に移り住み、剃髪（ていはつ）して「一当斎」と号した。

これでようやく安穏（あんのん）とした隠居生活が送れるはずだった。ところが、松代藩主となったばかりの信政が万治元年（一六五八）二月に病没したため、信之は再び表舞台に担ぎ出されてしまう。

信政の後継者には遺言によって子の幸道（ゆきみち）が指名されていたが、なにぶんまだ二歳の幼児だったため、これを好機と見た信直が「年齢から言って自分こそが後継者にふさわしい」と横から口出ししてきたのだ。こうして幸道派と信直派との間で、幕府をも巻き込んでの激しい跡目争いが勃発したのである。

この確執は途中までは信直派が優勢だった。幕閣の酒井忠清などに手を回して後ろ盾になってもらったことが功を奏したのだ。ところが、松代入府の際、故信政が沼田から引き連れてきた家臣らが中心となって信直を排除しようとする機運が盛り上がり、やがて藩は真っ二つに割れてしまった。

この状況を収束させることができるのはやはり信之しかいなかった。信之は、自分が幼い幸道の後見になることを宣言したうえで、信直には浪費癖があり、酒色にも溺れやすいことを理由にあげ、次期藩主には信政の遺言通り、幸道を推戴するよう断を下したのである。

この事件を契機に沼田領は松代藩から独立し、信直は初代沼田藩主となった。しかし、やがて信直が行った強引な検地がアダとなり、天和元年（一六八一）、沼田藩は幕府から改易を命じられている。信直はやはり藩主の器ではなかったのである。

信直はその後、山形藩奥平家にお預けとなった。そして貞享二年（一六八五）、奥平家の宇都宮への転封に従って信直も宇都宮に移り、同地で没した。貞享五年のことで、享年は五十四。

こうして御家騒動は信之の働きによって最小限に抑えることができた。しかし、このときの心労が祟(たた)ったものか、まもなく信之は体調を崩して床についてしまう。

家士たちが薬を飲むようにすすめると、

「もはや医術の及ぶところにあらず。我すでに生き過ぎたり」

そう言って拒んだという。

表舞台に再登場したその年（万治元）の十月十七日夜半、信之は静かに息を引き取った。後世に真田家を伝えるという父昌幸との約束を果たし終えたからなのか、その死に顔はどこか満足げであったという。

厳しい弾圧で「棄教」した二人のキリシタンの謎と真実

▼ちょんまげを結ったユダ

　キリスト教に対する禁教令が出されていた江戸時代、キリスト教の宣教師（伴天連）たちは幕府の役人に見つかると苛酷な拷問が加えられた。その拷問から逃れるには、死を選ぶか、棄教するかの二者択一しかなかった。こうして、心ならずも棄教することを選んで〝転んだ〟宣教師たちはこう呼ばれた。転び伴天連――と。

　本項では、そんな転び伴天連を二人紹介したいと思う。

　最初は、ポルトガル人宣教師のクリストバン・フェレイラ。長崎で潜伏中に役人に捕まり、厳しい拷問を受けることに。フェレイラはその拷問に耐えかね、転び伴天連となる。その後のフェレイラは、一転して隠れ切支丹（教徒）を取り締まる立場となり、〝ちょんまげを結ったユダ〟として、幕府からも切支丹側からも嫌われる存在になったという。

もう一人は、切支丹の蜂起によって始まった島原の乱で、一揆勢の中でただ一人生き残った男と言われる山田右衛門作だ。右衛門作は宣教師ではなかったため、正確には転び切支丹と呼ぶべきであろうが、天草四郎の相談役という立場にありながら、敵（幕府軍）に味方の情勢を逐一内通した人物として知られる。乱が終息すると、その功によって助命され、彼もまたキリスト教を捨て、フェレイラ同様、「宗門目明かし」として余生を送ったという。

そんなフェレイラと右衛門作の、キリスト教を捨てざるを得なかった苦しい胸の内と、裏切り者として生きた知られざる後半生にスポットを当てた。

▼棄教を迫られ穴吊りの刑に

天文十八年（一五四九）、フランシスコ・ザビエルの来日によって、わが国にキリスト教が伝来した。イエズス会の宣教師クリストバン・フェレイラが来日したのはそのちょうど六十年後の慶長十四年（一六〇九）のことである。

来日時の年齢は二十九歳。東洋での伝道を図るため、まずマカオで司祭となり、ここで中国語と日本語を学んだ。フェレイラは後年、『太平記』を読みこなすほどであったというから、余程語学の才能に恵まれていたのであろう。

日本でのフェレイラは、長崎、京都、大坂などで精力的に布教活動を行った。しかし、自由に布教できたのは最初の三年間ほどにすぎなかった。慶長十八年、徳川幕府は前年に天領に対し出していたキリスト教の禁教令を全国に広げたため、フェレイラは布教の道を閉ざされてしまう。

それでも日本を離れることなく、幕吏の目をかいくぐりながら布教を続けるフェレイラであったが、寛永十年（一六三三）、長崎にいたところをついに捕縛される。

こうしてフェレイラは、天正遣欧少年使節団の一人であった中浦ジュリアン神父とともに棄教を迫られ、それを拒否したため拷問を受けることとなる。その拷問とは、汚物が詰まった穴に長時間逆さ吊りされるという残酷なもので、中浦ジュリアンは口や鼻から血を噴き出しながら絶命し、殉教者となった。

▼西洋科学の知識を日本に伝える

一方、五十三歳になるフェレイラも耐えに耐えたが、その逆さ吊りが五時間に及んだところで、ついに棄教を受け容れる。二十四年間にわたる日本での布教活動の栄光に自ら泥を塗った瞬間であった。

その後のフェレイラだが、幕府は日本人死刑囚の女を彼に娶らせ、日本名・沢野忠庵（忠安とも）を名乗らせた。そして、長崎に住まわせると、外国人宣教師が捕らえられるたびにその尋問に当たらせ、彼らに棄教を促す役目を担わせた。

棄教から三年後の寛永十三年、奉行所の命令でキリスト教が間違っているという趣旨の本『顕疑録』を著す。当時のフェレイラは幽閉中の身の上であるため、当然、その内容は自分の意に染まないものであったろう。

さらに、宣教師として当時最先端の科学知識を身につけていたフェレイラは、天文学書『天文備用』や医学書『南蛮流外科秘伝』などを著してもいる。これらの本がのちの江戸時代の天文学や医学の発展に大きく寄与したことは疑いのない事実だ。

フェレイラはこうして自分が身につけた西洋科学の知識を当時の日本人に伝えることで、転び伴天連という自らの辛い境遇を少しでも忘れようとしたのではないだろうか。そうでもしなければ、良心の呵責に押しつぶされ、きっと発狂していたか自殺していたに違いない。

沢野忠庵――背教者フェレイラが亡くなったのは棄教から十七年後の慶安三年（一六五〇）のことという。享年七十。あとには日本人妻と子供二人を残していた。

▼一揆勢の重要機密を知る立場に

さて、山田右衛門作に話題を移そう。

寛永十五年（一六三八）二月、数え十八歳の少年天草四郎時貞を総大将とする一揆勢は前年の暮れから原城（長崎県南島原市）に立てこもり、その勢力は三万七千にもなっていた。島原や天草の農民中心だったが、なかには幕府に不満を抱く切支丹浪人も少なからずいた。

このたびの騒乱は、肥前（佐賀県と長崎県の一部）島原城主松倉勝家と同唐津城主寺沢堅高の度が過ぎた苛政と切支丹弾圧に反抗するために農民らが起こしたものだった。

その原城に対し、幕府軍十二万の総攻撃が開始されたのは二月二十七日のことで、翌日までに一揆勢は全員虐殺された。それこそ女、子供、老人を問わずである。

いや、一人だけ奇跡的に生き残った男がいた。その男こそ、南蛮絵師の山田右衛門作である。元は切支丹大名の有馬家（ありまけ）の家臣だった右衛門作は、自らも熱心な切支丹であった。のちに禁教令が出されると主君は信仰を捨てて国替えしたが、右衛門作は主君に従わず浪人し、その後、新領主の松倉家に絵師として仕（つか）えた。現存する一揆勢の指物（さしもの）（軍旗）は右衛門作の筆によるものと伝えられる。

一揆勢の中で右衛門作だけがなぜ助かったかと言えば、彼は幕府軍のスパイだったからである。一揆に加わって以来、学問があって文章も達者だった右衛門作を、四郎時貞は常に自分の傍（かたわ）らに置き、何かと頼りにしていた。右衛門作はそうした立場上、重要機密も容易に知ることができ、城を包囲する幕府軍に矢文（やぶみ）で逐一知らせていたのである。

右衛門作がこうした裏切り行為を働くに至った理由について、彼自身、矢文の中でこう述べている。それによると、一揆が蜂起（ほうき）した際、右衛門作は一揆勢に息子を人質（ひとじち）にとられてしまい、一揆に加わらなければ息子を殺し、家も焼き払うと脅（おど）された。そこで、自分としては心ならずも一揆勢に加わったというのである。さらにまた、城内の様子を知らせる見返りとして、自分と家族の生命はきっと保障してほしいとまで矢文にしたためていた。

▼自ら筆をとった絵が踏み絵に

幕府軍の総攻撃が始まる九日前のことだった。右衛門作は旧主有馬の陣に向かっていつものように矢文を放った。総攻撃の日時をあらかじめ知らせて下されば、わたしの手の者で城中に火をつけて回り、混乱のなか船で落ち延びさせると偽り、四郎時貞を生け捕りにして進ぜましょう、という内容だった。

ところが、この矢文に対する幕府軍の回答の文が右衛門作の手に渡る前に一揆方に拾われてしまったことで、右衛門作は絶体絶命の窮地に陥ってしまう。右衛門作は手足を縛られて牢に入れられ、妻子は見せしめに殺されてしまったのである。

その後、幕府軍の総攻撃があり、牢に閉じ込められていた右衛門作は衰弱しきったところを救い出され、幕府軍の総大将であった〝知恵出(い)づ〟こと松平伊豆守信綱(まつだいらいずのかみのぶつな)によって助命される。

こうして、同志を裏切り、妻子を喪(うしな)った右衛門作は一人、松平信綱に随(したが)って江戸へと向かう。右衛門作六十六歳のときだった。のちに伊豆守の屋敷で幽閉状態におかれながら、切支丹目明かしとして働いた。

具体的には、右衛門作は絵師である腕前を買われ、磔刑になったり、晒し者になったりした切支丹の生々しい姿を板に描かされたという。その板を市中の賑やかな場所に高札として立てることで、庶民に恐怖の念を起こさせ、切支丹の広がりを防ぐ伊豆守の狙いだった。さらにまた、右衛門作が描いたキリストの油絵が「踏み絵」に使われたこともあったという。きっと右衛門作はこのとき、自分は何のために絵を学んできたのかわからなくなったに違いない。

その後、右衛門作は伊豆守の許しを得て島原に戻り、八十歳、あるいは八十三歳で大往生を遂げたという。

フェレイラにしてもこの右衛門作にしても、棄教するまでは敬虔な切支丹だっただけに、棄教後は亡くなるその日まできっと強い悔恨の情に苛まれていたに違いない。ただ、両者の最晩年を比べると、天涯孤独だった右衛門作よりも、まだ妻子に看取られて亡くなったフェレイラのほうが幾分しあわせだったかもしれない。

▼乱を誘発した二人の大名のその後

最後に、島原の乱を誘発したともいえる島原城主松倉勝家と唐津城主寺沢堅高のその後にも簡単に触れておきたい。

勝家も堅高もそれぞれ父親が一代で大名に成り上がった家だけに、少しでも幕府に気に入られようと、分不相応な普請役を申し出るなどし、領民に無茶な年貢を強いてしまった。そのことが一揆の要因になったとも言われている。

あるポルトガル人宣教師の聞き書きによると、作物にはどんな物にでも年貢が定められていたという。もしも払えなければ妻や娘が人質にとられ、群衆の前で素裸で四つん這いで歩かされたり、妊婦さえも裸で凍った池に放り込まれたりした。また、ある名主の一人娘は、素裸に剥かれて灼熱の焼き鏝を当てられたため、それに怒った名主はほかの農民と力をあわせ、その役人を殺してしまった。この事件が、一揆の直接の引き金になったという。

乱が終息後、幕府は二人の大名に責任を問うた。その結果、まず松倉勝家は改易（所領没収）のうえ、大名としては異例の斬首刑に処された。一方の寺沢堅高は領地の一部没収と蟄居謹慎を命じられる。のちに堅高は蟄居を解かれるが、乱から九年目の正保四年（一六四七）、突然自殺してしまった。享年三十九。世の人々は島原の乱で殺された農民の呪いだと噂しあったという。

安政の大獄から桜田門外へ…井伊直弼をめぐる男たちの群像

▼衆人環視のなかで起きた襲撃事件

黒船が浦賀に来航して七年がたった安政七年三月三日、陽暦では一八六〇年三月二十四日、この日の朝、江戸では季節外れの大雪が降った。その積雪を蹴立てて、水戸浪士十八名（うち一名は薩摩浪士）が大老井伊直弼の行列に襲いかかった。

それは、直弼が外桜田の彦根藩邸を出て江戸城に向かう途中の出来事だった。雪の朝とはいえ、『武鑑』（大名や旗本の知行高などを記した、いわば紳士録）を手に、大名行列を見物する田舎侍が周囲に大勢いるなかでの大胆な犯行だった。

直弼に付き随うのは徒士二十六名をはじめ、足軽、草履取り、駕籠を担ぐ六尺なども含めると六十名以上になった。浪士たちのざっと三倍の数である。しかし、徒士たちは刀の柄が雪に濡れるのを嫌がり柄袋をかけていた。濡れて水を吸った柄袋の紐(ひも)は固く締まってほどけにくくなるのは言うまでもない。これによって対応が一瞬遅れ、被害を大きくした。

結果的に、わずか数分間の間に直弼は浪士らによって首を取られ、井伊の供廻りで即死する者四名、重軽傷者は十数名を数えた。幕閣(ばっかく)の最高権力者が名前も知れない暗殺者集団に襲撃され首を取られたというので、ときの幕府の権威は地に墜(お)ちた。日本の歴史が大きく変わった瞬間であった。

ところで、襲撃した側の水戸浪士たちだが、その後、一体どうなったのだろうか。ほとんどはその場で捕縛(ほばく)されたり自害を遂(と)げたりしたが、十八名のうち五名は襲撃現場から逃亡し、その後地下へ潜行(せんこう)したことがわかっている。

本項では、襲撃犯がなぜ水戸浪士だったのかを考えながら、十八名の水戸浪士たちのその後と直弼の首の行方についても述べてみたい。

▼直弼がみせた驚くべき剛腕

井伊直弼が大老の座に就いたのは襲撃事件に遭う二年前の安政五年四月、四十四歳のときである。大老とは必要に応じておかれる臨時の役職で、常任である老中(ろうじゅう)の

将軍継嗣（けいし）問題と条約締結で剛腕をふるった井伊直弼

上、将軍を補佐する最上位の地位だった。

　大老となった直弼には差し迫っての課題として、将軍継嗣問題と日米修好通商条約の問題があった。実はこの二つは地下で微妙に絡んでいたのだった。

　まず、将軍継嗣問題だが、当時、十三代将軍家定の後継をめぐり、紀州の徳川慶福（のちの将軍家茂）を擁立する南紀派と、一橋慶喜を推す一橋派が対立していた。慶喜の父の水戸藩主徳川斉昭は尊攘的思想の持ち主だったため、一橋派はそのまま攘夷派であった。したがって、開国政策を推し進めたい直弼にとって一橋派は煙たい存在だった。

　そこで直弼は、一橋派の官僚を更迭したうえで、安政五年六月十九日、勅許（天皇の許可）を得ないまま米国との間でさっさと日米修好通商条約に調印してしまった。さらにその六日後、諸大名を江戸城に集め、次期将軍は十三歳の慶福に決定したことを発表する。こうして直弼は将軍継嗣問題と条約締結問題の二つを一挙に解決してしまったのである。驚くべき剛腕ぶりであった。

　直弼が行ったこれらの諸政策に対し、公然と批判する者が現れた。それは公卿・武家・庶民を問わず、あらゆる階層・職業の人から不満の声が噴出したのである。

直弼はそうした反対派を徹底的に弾圧した。これが「安政の大獄」である。とりわけ一橋派は目の敵にされ、徳川斉昭は永蟄居、一橋慶喜と松平春嶽（福井藩主）らは隠居謹慎を命じられている。

この弾圧は結果的に、のちの倒幕運動を招くことになるわけだが、それは読者諸賢にはすでにご存じのとおりだろう。とにかくこれで直弼が水戸藩士の恨みを買っていたことがおわかりいただけたと思う。

▼五人だけが現場から逃亡する

さて、桜田門外で井伊直弼を襲撃した水戸浪士のその後だが、まず、現場で即死した者が一名いた。残りの十七人はほとんどが手傷を負いながら三三五五、現場から逃走したが、途中で動けなくなり、死んだり自決したりする者が続出した。

唯一の薩摩浪士で、直弼の首を掻き落とした有村次左衛門も満身創痍となり、若年寄遠藤但馬守（近江国三上藩主）邸前まで逃げたが、やがて観念し、持っていた直弼の首を傍らに置いて自決した。なお、次左衛門に直弼の暗殺をそそのかしたのは、薩摩で若手過激派グループ「精忠組」に所属していた兄の有村俊斎（のちの明治の元勲・海江田信義）だと言われている。

そのほかの生き残った浪士たちは、和田倉門先の細川邸や辰之口の脇坂邸などに自訴して出た。彼らはその後、傷が原因で亡くなったり斬刑に処せられたりしている。こうして襲撃現場から何とか逃げおおせることができたのは、当日の現場指揮者だった関鉄之介と検分役の岡部三十郎をはじめ、広木松之介、増子金八、海後磋磯之介の全部で五人だった。

それでは、この五人がその後どうなったかをみていこう。

まず、関鉄之介と岡部三十郎の二人だが、かねての計画どおり大坂まで行き、そこで薩摩の有志と手を組んで挙兵するはずであった。ところが土壇場になって薩摩藩の上層部にそのことが露見し、挙兵計画は頓挫した。目標を見失ってしまった二人はやむなくそこで相談して、関は薩摩藩の真意を探るため薩摩へ向かい、岡部は江戸へ舞い戻ることにした。

▼警官から神主になった浪士も

岡部はその後、江戸の吉原遊廓に町人姿で潜んでいたところを捕縛され、文久元年（一八六一）七月二十六日、小伝馬町の牢獄で斬首された。享年四十四。一方の関は薩摩へ向かったものの入国を拒(こば)まれたため、むなしく郷里水戸へと帰る。そして知り合いの家を転々としたあげく、越後の湯沢温泉に滞在していたところを水戸藩の捕方(とりかた)に踏み込まれる。こうして同二年五月十一日、岡部同様、小伝馬町の牢獄で斬罪に処された。三十九歳。

次に広木松之介。事件後、越後方面を逃げ回った末に、鎌倉に出たが、そこで逃げ切れないと観念し、潜伏先の日蓮宗上行寺(じょうぎょうじ)で自害した。襲撃事件から丸二年後の文久二年三月三日のことで、二十五歳の若さだった。

残るのは増子金八と海後磋磯之介の二人だが、実は、十八名中、この二人だけが明治維新を迎えることができた。増子は事件後、いったんは挙兵のため大坂へ向かおうとしたが、警戒が厳しくて断念。その後、郷里に帰って潜伏し、家族の協力でなんとか幕末期を乗り切った。しかし、御一新(ごいっしん)を迎えると体を壊し、国事にかかわることなく明治十四年（一八八一）に病死した。享年五十九。

海後は事件後、那珂(なか)郡小田野村（茨城県常陸大宮市）を経て、会津や越後を逃げ回った。神職をしていた実兄の家に潜んでいたときなどは、急に買い入れる米の量が増えたため、出入りの米屋に疑われたりして、匿うのに随分苦労したと兄の長女がのちに語り遺している。

文久三年（一八六三）になると海後は罪を赦され、水戸に戻ることがかなう。その後、元治元年（一八六四）には水戸天狗党の挙兵に参加。維新後は警視庁や県庁での勤務を経て、郷里で神主となった。襲撃事件の回顧録も遺している。明治三十六年（一九〇三）五月十九日没。七十六歳。

▼架空の藩士の名前で交渉にあたる

襲撃事件後、直弼の首がどうなったかについて最後に述べておきたい。

薩摩浪士の有村次左衛門が、直弼の首を持ったまま近江国三上藩主の若年寄遠藤但馬守邸前まで逃げ、そこで自決したことはすでに述べたとおり。その後、首は遠藤家に引き取られた。

一方、主君の胴体だけが戻ってきた彦根藩邸では、首が遠藤家にあることを知ると、使者を急行させた。到着すると使者は、

「当家供廻りの加田九郎太の首と、殺害犯をお引き渡し願いたい」

と応対に出た遠藤家の用人に申し入れた。

この時代、武士と名が付けば上は大名・旗本から、下は三両一分のごく軽輩まで、不覚によって横死した場合、家名は断絶、所領は没収の憂き目に遭った。今回、直弼はまさに横死したわけで、おまけに嫡男も決めていなかった。井伊彦根藩が取り潰しに遭う恐れは十分あったのである。そこで、加田九郎太という架空の名前を出して交渉に当たらせたという次第。まさに、苦肉の策だった。

むろん用人は、それが嘘であることは百も承知で、「いまは御公儀の検使を待っているところで、それが終わらなければお渡しできない」と突っぱねた。

そこで、彦根藩では再び、今度は要職にある者を使者に出したが、やはり引き渡しはかなわなかった。なぜ、ここまで三上藩が頑なだったかというと、日ごろの両藩の確執があったからではないかとみられている。確執といっても、三上藩側の一方的な嫉妬に近い感情だった。

▼直弼の首を返さない理由とは

実は、彦根藩も三上藩も琵琶湖右岸を領地としていた。しかし、一万二千石の三上藩と二十五万石の彦根藩とでは雲泥の差があった。日ごろから三上藩の藩士たちは彦根藩に対し何かと引け目を感じており、その意趣晴らしに、直弼の首を素直に返さなかったのではないかというのだ。

真偽はわからない。しかし、検視がすみ、首が彦根藩に返される段になり、三上藩では「加田九郎太の首」として受取書を要求したという。この用心深さにはあきれるばかりだ。そこに意趣晴らしが含まれていたと思われても仕方がないだろう。

さて、主君の首が藩邸に戻った彦根藩だが、藩医が胴体と縫い合わせ、遺体を奥の間に安置した。かねてより藩では病気療養中と発表しており、幕府も直弼の死を知りながら、幕府草創期からの功臣である井伊家を取り潰すわけにもいかず、藩の発表を信じてみせた。

その後、幕府は彦根藩から出された、直弼の側室が成した十三歳の愛麻呂（直憲）を嫡子とする届けを受理したうえで、三月晦日に直弼の大老職を解いた。その一カ月後の閏三月晦日に藩から正式に直弼の死去が発表されている。

遺体は世田谷の豪徳寺に葬られた。墓所には命日が実際の三月三日ではなく、三月二十八日と刻まれている。

坂本竜馬暗殺犯の消えた「足どり」は何を語るか

▼明治維新を呼び込む起爆剤に

坂本竜馬が暗殺されたのは明治維新を迎える一年前の慶応三年（一八六七）十一月十五日のことである。京都・四条河原町通り蛸薬師、土佐藩出入りの醤油商近江屋新助方において、盟友の中岡慎太郎と密談していたところを暗殺隊に襲撃され、中岡共々、落命する。

数え二十七歳で土佐藩を脱藩してから国事に奔走し、当時犬猿の仲だった薩摩藩と長州藩を結び付け、さらに、将軍徳川慶喜が大政を奉還するよう各所に働きかけるなど、竜馬の存在そのものが明治維新を呼び込む起爆剤となったことは間違いない。

西郷隆盛や桂小五郎（のちの木戸孝允）などと比べ竜馬はしょせん小者で、薩長同盟も中岡慎太郎の功績が大であって、竜馬は大した役割をはたしていないという説もあるが、けっしてそんなことはなかった。

▼明治を迎えてから語り出した生き証人

それが証拠に、慶応二年正月に交された薩長同盟の内容について、桂が六項目にまとめて、当日立会人をつとめていた竜馬に手紙で確認を求めたところ、翌月、竜馬が「表の内容に相違なし」と朱書きで返答してきた。

このことから、当時、一介の勤王(きんのう)の志士(しし)に過ぎない竜馬が薩長同盟の保証人的な立場をつとめるほど桂や西郷から信頼されていたことがうかがえるのである。

そんな倒幕の立役者であった竜馬は、明治の御一新を見ることなく、三十三歳の若さで凶刃(きょうじん)に倒れた。暗殺犯の正体については当時から謎で、新選組説、西郷隆盛黒幕説、紀州藩(きしゅうはん)説(「いろは丸」事件の報復)……など様々な説が入り乱れており、事件から百五十年がたった現在でも厚いベールに包まれたままである。

竜馬暗殺犯として今日もっとも有力視されているのは、佐々木只三郎(ささきたださぶろう)が率いた「京都見廻組(みまわりぐみ)」である。当時から見廻組の関与が疑われていたが、決定的証拠はな

幕末の英雄・坂本竜馬暗殺の犯人は、一体どこへ消えたのか

かった。なぜなら、鳥羽・伏見の戦いに端を発する戊辰戦争において見廻組隊士の多くが戦死してしまい、「生き証人」がほとんどいなくなったからである。

ところが、明治の世になって竜馬襲撃に加わったという貴重な生き証人――かつての見廻組隊士が現れ、ようやく重い口を開いて真相を語り出したのである。

その旧隊士こそ、本稿で紹介する今井信郎である。今井は一体なぜ何年もたってから竜馬暗殺の真相を語る気になったのだろうか。以下でそのあたりの謎に迫ってみることにしよう。

▼新選組とは反目しあった見廻組

今井信郎は天保十二年(一八四一)十月二十日、微禄の幕臣の家の長男として江戸は湯島天神下で生まれた。十八歳で直心影流剣術の榊原鍵吉道場に入門する。

今井はよほど身に合ったものか、めきめき上達した。今井の剣は師匠榊原ゆずりの豪剣で、あるとき道場破りにやってきた水戸藩士某を竹刀の一撃で殺してしまったこともあったという。

そんな今井は早くも二十歳で師匠から免許を受けると、講武所(幕府が設置した武芸訓練施設）の剣術師範を拝命する。

慶応三年、二十七歳になった今井は京都見廻組への入隊を命じられ、その年の十月、京都に入った。翌月の十一月十五日が竜馬の暗殺事件のあった日だから、京都に着任してすぐ事件にかかわったことになる。

京都見廻組とは、幕臣によって結成された京都の警察組織で、主に二条城（徳川家康が築城）の周辺地域を担当した。当時、同じ京都の治安を取り締まる組織として新選組がいたが、新選組は祇園や三条などの町人街・歓楽街を管轄としており、共同戦線を張ることはなかった。

むしろ、両者は反目しあっており、特に新選組には身分の怪しげな者が多かっただけに、見廻組は新選組のことを陰で見下していたという。

今井の供述によると、事件当日の深夜、見廻組与頭・佐々木只三郎の指揮の下、今井、渡辺吉太郎（吉三郎とも）、高橋安次郎、桂隼之助、土肥仲蔵ら計八名が近江屋に向かったという。いずれ劣らぬ剣客ぞろいだった。

現場に到着すると、佐々木、渡辺、高橋、桂の四名が、竜馬と中岡がいる二階の八畳間に斬り込みをかけた。今井自身は一階で見張り役をしており、実際の襲撃には加わっていないと証言している。

▼「やったのは今井」と近藤勇が語る

見廻組隊士らは予定通り竜馬と中岡の両名に致命傷を与えると、京の市街地を一陣の魔風のように駆け抜け、闇の中へと溶け込んだのであった。

事件後、近くの土佐藩邸から谷干城（のちの明治の元勲）らが押っ取り刀でやってきて、血の海となった凄惨な現場をつぶさに検証している。その際、まだ絶命していなかった中岡が、苦しい息の下、

「襲撃犯の一人は、コナクソと叫んで斬りかかってきた」

という意味のことを谷に証言したという。この言葉は四国・伊予（愛媛）地方の方言とされ、そこから新選組隊士で伊予出身の原田左之助の関与が疑われたりしたが、暗殺者が「コナクソ」と叫んだという話は谷の証言以外にはなく、谷の聞き間違えか、あるいは中岡自身が聞き間違えたのではないかという説が今日では有力だ。

さて、竜馬襲撃後の今井の行動だが、慶応四年、鳥羽・伏見の戦いに加わるも、敗北。いったんは江戸へ舞い戻ったが、すぐに各地で官軍と転戦し、最後は箱館

（函館）戦争で降伏した。

明治三年（一八七〇）二月、今井は身柄を刑部省（司法機関）の東京・伝馬町にあった牢獄へと送られる。そこで、坂本竜馬暗殺の真犯人として厳しい尋問を受けることになった。

なぜなら、今井が降伏するよりも前に新政府軍に捕らえられていた新選組隊士・大石鍬次郎への取り調べにおいてわかったことだが、大石はかつて親分の近藤勇から「竜馬を殺したのは今井だ」と聞いたことがあり、その大石の証言が本当かどうか確かめようとしたのである。

▼佐々木只三郎の実兄が証言

この尋問で、真相に蓋をして隠し通すことに疲れたのか、今井は竜馬暗殺の詳細を証言した。それによると、竜馬襲撃はいかにも見廻組の仕業で、竜馬は前年に京都・伏見の旅籠寺田屋において幕吏を拳銃で射殺した天下のお尋ね者だった。

そこで、「公務」として竜馬を襲撃したものであって、なんら恥じることはない――と供述した。そして最後に、自分は見張り役であり、実際の襲撃には加わっていないと言い添えたのである。

この今井の証言を裏付けるように、明治三十七年になって、鳥羽・伏見の戦いで戦死した佐々木只三郎の実兄で旧会津藩士の手代木直右衛門（享年七十九）が、その臨終の枕元で長女に、

「竜馬を襲ったのは只三郎で間違いない。あれは暗殺ではなく公務だった。襲撃後、見廻組がそのことを公言しなかったのは、ひとえに見廻組を配下とするわれわれの殿さま（京都守護職・松平容保）に累が及ぶ恐れがあると判断したからだ」

と言い残している。臨終に際して嘘を言ったとはとても思えない。おそらく佐々木只三郎は、実の兄にだけは本当のことを知っておいてほしいと考え、あらかじめ直右衛門に真相を打ち明けていたのだろう。

その後の今井だが、禁固刑の判決を受け、静岡で謹慎するも、明治五年一月、突然赦免されている。その裏には西郷隆盛の助命嘆願運動があったと言われているが、本当かどうかは定かでない。

自由の身となった今井は、徳川家の転封先の静岡に移り、静岡城の敷地内にあった藩校を払い下げてもらい、私学校を開く。そこで、英語や数学、農業などを若者

たちに教えた。しかし、軍事教練も行ったため新政府から危険視され、困った末にその学校を無償で県に明け渡してしまう。

▼地域の農業の発展に貢献する

明治十一年、今井は妻子を伴い、旧榛原郡初倉村（静岡県島田市）に入植した。そして、同十四年に設立された榛原郡農事会の会長に就任すると、茶栽培や農作物の品評会の開催、病虫害の駆除予防、動力農具の奨励など農事改良のための様々な施策を打ち出し、地域の農業の発展に貢献した。この会長職は明治三十四年まで二十年間もつとめている。

村政にも積極的に関与しており、明治二十二年に村会議員に初当選すると、同三十九年には初倉村長に選任され、三年間その座にあった。

今井がキリスト教信者になったのはこの初倉村時代で、きっかけは、村で栽培したお茶を横浜へ売りに行った際、たまたま海岸沿いの教会に入り、そこで説教を聞いて言い知れぬ感動を覚えたからだった。

その後、洗礼を受けると、かつてはその五体から常時漂わせていた無気味な殺気が次第に薄れ、温厚で誰に対しても穏やかに接するようになったと言われている。洗礼を境としてきっと何かが吹っ切れたのだろう。

明治三十三年（一九〇〇）五月、かつての刑部省での自分自身の証言を覆す、坂本竜馬暗殺に関する今井の衝撃的な回想談話が雑誌『近畿評論・第十七号』に掲載された。その回想談話の中で今井は、刑部省での取り調べでは重罪を恐れて自分は実行犯ではないと語ったが、竜馬を斬ったのは確かに自分の仕業で間違いない、と述べたのである。

この今井の証言に対し、谷干城は「売名行為である」と怒ったという。しかし、考えてみてほしい。このとき今井は六十歳と老境に差し掛かっていたのだ。静岡の片田舎で穏やかに暮らしている老人が、いまさら世間に名前を売って何の得があるというのだ。

▼竜馬を斬った刀を恩師に預ける

自分が竜馬暗殺の実行犯であるという今井の証言は、今井の妻いわの遺談によって補強されることになる。いわは、あの十一月十五日のことをはっきり覚えていた。

その日の朝、夫（今井）は桑名藩士の渡辺吉太郎と何事か密談していたが、そのうち連れだって自宅を出た。三日後に帰宅した夫の右手を見ると、親指と人さし指の間に深手を負っていた。いわがたずねると、夫は、「坂本竜馬という者を斬ってきた。この刀を榊原鍵吉先生に渡したいので、その手配をしてほしい」と語ったという。

このときの竜馬を斬ったとされる今井の刀はのちに恩師榊原の手元に渡っている。榊原は「これが竜馬と中岡を斬った刀である」と誰彼となく見せて自慢していたそうだが、惜しいことに彰義隊（しょうぎたい）と官軍が戦った上野戦争の混乱の中で消息不明になってしまったという。

こうした様々な人たちの遺（のこ）された談話や供述から考えて、近江屋で竜馬を襲ったのは京都見廻組で、その実行犯の一人は今井信郎とみてまず間違いないようだ。

老境を迎え、敬虔（けいけん）なクリスチャンとなっていた今井には、事件の真相を自らの胸に秘匿（ひとく）したまま天国へ旅立つことが我慢ならなくなったのだろう。

大正七年（一九一八）六月二十五日、脳卒中により今井信郎は亡くなった。享年七十八。

幕末期に太平洋を横断した咸臨丸乗組員の「それから」

▼咸臨丸には士官以下九十四人が乗っていた

咸臨丸は、幕末期の安政七年（一八六〇）正月、浦賀港を出帆して太平洋を横断し米国サンフランシスコに渡った軍艦である。乗船者のなかに、のちに幕府側の代表として江戸城明け渡しの大任を果たすことになる勝海舟や、「天ハ人ノ上ニ人ヲ造ラズ……」の福沢諭吉がいたことでも知られている。

この咸臨丸のことを、日本で最初に太平洋を横断した船であると思っている人も多いようだが、それは違う。

慶長十五年（一六一〇）というから、大坂冬の陣が起こる四年前に、徳川家康が英国人ウィリアム・アダムス（日本名三浦按針）に命じて建造させた帆船に乗り、田中勝介という名の貿易商人が太平洋を横断してメキシコに渡り、翌年に帰国して

運用方として乗船した鈴藤勇次郎が描いた「咸臨丸難航図」

いる。これが日本の太平洋横断の第一号とされている。さらにその三年後の慶長十八年、伊達政宗が派遣した支倉常長が同様に帆船で太平洋を横断してメキシコに渡っている。したがって、咸臨丸は軍艦としては日本初でも、公式に太平洋を横断した日本の船としては三番目ということになる。

咸臨丸が浦賀を出港したとき、士官や水夫、船大工、鍛冶、医師など九十四人（九十六人説もあり）の日本人が乗っていた。ほかに、米海軍の士官・水夫も十一人いた。合計百五人である。

咸臨丸はその後、日本に無事戻ることができたが、急速な経済成長を続ける米国本土の自由な空気を吸って帰った乗組員たちはその後、どんな人生をたどったのであろうか。太平洋横断時の咸臨丸の最高責任者だった木村摂津守喜毅を中心に据えてそのあたりを述べてみたいと思う。

▼随伴艦のはずが先に到着してしまう

乗組員たちのその後を語る前に、そもそも咸臨丸はなぜ米国に渡ったのかについて簡単に述べておきたい。

実は、日本と米国との間で結ばれた通商条約（日米修好通商条約）の批准書を交換するため、遣米使節団一行が米国軍艦ポーハタン号に乗って太平洋を横断することになり、その護衛のための随伴艦に抜擢されたのが咸臨丸であった。

したがって、ポーハタン号には正使として外国奉行（現代の外務大臣に相当）の新見正興、副使に村垣範正、監察に小栗忠順以下日本使節団約八十人が乗船していた。新見らはサンフランシスコに到着すると、そこで咸臨丸と別れ、パナマ経由でワシントンに向かっている（当時は運河がまだ開通しておらず、鉄道で大西洋側に出て、そこから船でワシントンを目指した）。つまり、咸臨丸にとってはポーハタン号に随行してサンフランシスコに行くまでが任務だったのである。

咸臨丸がサンフランシスコ港に到着したのが、一八六〇年三月十八日、それより十一日遅れてポーハタン号が到着した。随伴艦のはずの咸臨丸のほうが先に到着してしまったのは、途中激しい嵐に遭遇し、ポーハタン号側が石炭を使いすぎて補給のためにハワイ・ホノルルに一時寄港したからであった。

咸臨丸の概要だが、嘉永六年（一八五三）のペリー来航によって、軍艦の重要性に気付かされた幕府が、大金を払ってオランダに造らせた日本最初の蒸気軍艦であった。全長四十九メートル、全幅九メートルと軍艦としてはごく小型だったが、大砲を十二門搭載していた。蒸気機関によるスクリュー推進型で排水量は六百二十五トン、機関出力百馬力。三本マストの帆も備えていた。

勝海舟らはこの咸臨丸を操船して、浦賀からサンフランシスコまで三十七日間かかって太平洋を横断した。帰路は、途中ハワイに立ち寄って国王カメハメハ四世を表敬訪問したこともあり、四十六日間を要している。長い航海を終えて浦賀港に戻ったのは西暦で一八六〇年六月二十三日、旧暦では万延（まんえん）元年（この年は三月十八日に安政から万延と改元）五月五日のことだった。

▼礼節と美徳を備えた日本のサムライ

咸臨丸にあって最も位が高かったのは、高級旗本出身で軍艦奉行の地位にあった木村喜毅。この太平洋横断時は数えで三十一歳だった。その下に艦長の勝海舟がいて、あとは砲術方、運用（操船）方、測量方、蒸気方、通弁（通訳）方……などがいた。ちなみに二人いた通弁のうちの一人が、ジョン万次郎こと中浜万次郎である。

咸臨丸はサンフランシスコに滞在中、市民から大歓迎を受けたが、なかでも木村喜毅の評判は高く、地元の新聞紙上では「一見しただけで温厚仁慈（じんじ）の風采（ふうさい）を備えた人物」と評されるほどだった。

頭も切れ、サンフランシスコ市が主催した歓迎会では、米国大統領を称える演説をして市民を喜ばせている。また、帰路につく際、艦の修理代金を海軍造船所の担当者に支払おうとすると、担当者は「はるばる来てくれたのだから」と受け取らなかった。そこで木村はそのお金をサンフランシスコ市の消防士や船員の未亡人団体に寄付することを申し出たという。

こんなこともあった。日本へと旅立つ直前の送別会で、木村ひとりがパーティーに参加しなかった。どこへ行ったのだろうと主催者側が心配していると、木村はひとりの米国軍人に会いに出かけたという。その軍人は、咸臨丸に対して祝砲を放った際、運悪く顔にやけどを負ってしまったのだ。それを心配して木村が見舞に出向いたことを知ると、パーティー会場は一斉に木村を称える歓声があがったという。

サンフランシスコ滞在中にこうした数々の逸話を残したことで木村は、「礼節と謙譲の美徳を備えた、これぞ日本のサムライ」と市民に深い感銘を与えた。この時代の日本に、これほど国際感覚にあふれる人物がいたことは注目に値するだろう。

▼維新後は仕官を蹴って隠棲する

木村喜毅のその後だが、軍艦奉行の職務に戻り、文久元年（一八六一）五月には事実上の幕府海軍の長官となる。木村は、日本周辺の海域を六分割し、それぞれの海域を防備するための艦隊をその六カ所に配備する構想を持っていた。これこそ、軍艦三百七十隻、総員六万人からなる「大海軍構想」であった。

ところが、自信満々でその案を当時の幕閣に上申したところ、軍艦の調達に金がかかり、人材の養成にも時間と金がかかりすぎるとあっさり却下され、木村は失望する。その後、仕事への熱意を失った木村は軍艦奉行の座を退くが、その有能さゆえに周囲がほうっておかなかった。

すぐに木村は幕政に復帰するが、またも頑迷固陋な老中らと意見の食い違いがあり、罷免されてしまう。ところが、慶応二年（一八六六）、再び軍艦奉行となり、海軍の整備を任される。まさに、めまぐるしい数年間であった。

戊辰戦争では江戸城開城の事務処理を担当したが、将軍徳川慶喜が朝廷への恭順を表明し謹慎するために水戸へ向かうと、木村は身辺整理をして引きこもってしまった。

維新後は、木村の存在は新政府の要人たちの間でも知れわたっていたため、何度も仕官の要請を受けたが、けっして首を縦に振らなかった。彼が望めば出世は思いのままであったはずなのに、である。このあたり、維新後は積極的に新政府とかかわらず、貧乏くじを引いてでも徳川幕府に殉じた勝海舟に通じる江戸っ子の潔さをみることができる。

その後、木村は経済的に困窮するが、そこに救いの手を差しのべた人物こそ、福沢諭吉だった。福沢は木村の息子浩吉（のちの海軍少将）が成長する明治十年ごろまで木村家を経済的に援助し続けたという。

▼水夫のなかには海援隊に入った者も

福沢は常々木村のことを人に聞かれると、

「木村殿がご自分の従者として私を咸臨丸に乗せてくれなければ、今の私はなかった。若いころに米国を見たことで私の目は大きく開けた。今があるのはまさに木村殿のお陰である」

そう言って、木村への感謝の気持ちを表したという。
木村は晩年、随筆の執筆に明け暮れる日々を過ごし、明治三十四年（一九〇一）十二月九日、七十二歳で亡くなった。サンフランシスコでの堂々とした態度といい、福沢諭吉を見出して米国へ連れて行ったことといい、幕末の偉人の一人として木村はもっと評価されてよい人物である。

木村喜毅以外の乗組員のその後だが、士官の場合、やはり海軍の仕事につく者が多かった。サンフランシスコ入港時、日本人初の答礼の祝砲（連続で二十一発）を放つことに成功し、勝海舟を驚かせた佐々倉桐太郎（幕臣）などはその典型で、帰国後は海軍で若い軍人の育成に努めている。

水夫のなかには、瀬戸内海の塩飽諸島出身者が多くいたが、佐柳高次もそのひとり。彼は帰国後、坂本竜馬と行動を共にし、のちに海援隊にも参加した。竜馬が暗殺された際、竜馬の妻お龍のいる馬関（下関）へ知らせに走ったのが、この人である（結局、お龍には会えなかったが……）。

大熊実次郎も佐柳と同じ塩飽諸島出身の水夫で、帰国後、神戸操練所の設立に携わった後、神戸開港にともない神戸操練所ドックの責任者を務める。その後、神戸で造船業を営む。わが国初の甲種船長の免許を取得したことでも知られる。

▼無抵抗の咸臨丸に大砲を放つ

最後に、咸臨丸のその後にもふれておきたい。

浦賀に無事帰還した咸臨丸だったが、船体も機関もガタガタで大修理が必要だった。これは建造を担当したオランダ側の手抜き以外のなにものでもなかった。例えば、船材には中国の廃船の古材が多く使われていたという。サンフランシスコでは米国海軍の好意で応急処置を施してもらったが、その際、技術者から、

「船を建造するときは工事監督者を派遣すべきだ」

と忠告されるほどだった。

結局、蒸気機関部分は修理が不可能とわかったため、そっくり取り外し、純帆船として再生することになった。その後、軍籍を解かれて輸送船となり、江戸湾に係留されていたところを旧幕臣の榎本武揚（えのもとたけあき）に奪われる。榎本は咸臨丸を艦隊の列に加え、そのまま東北経由で北海道へ逃れようとしたが、房総沖で猛烈なしけに遭い、咸臨丸だけが流され、結局、清水港にたどりつく。

運悪くそこを新政府軍の軍艦三隻にみつかってしまう。咸臨丸側では旗を下ろして降伏の意思を表明したにもかかわらず、新政府軍は至近距離から咸臨丸めがけて大砲を何発も放ってきた。そして一段落すると、雄叫びを上げながら船に乗り移り、生き残った乗組員の大半を斬殺したのである。

　このときの襲撃で十人以上が犠牲になったという。まさに、無益な殺生以外のなにものでもなかった。この「咸臨丸事件」は明治元年（一八六八）九月十八日の出来事である。

　咸臨丸はその後、新政府の手に移り、北海道の物産輸送にあたった。しかし、穏やかな〝余生〟はごく短いものだった。

　明治四年（一八七一）九月、旧仙台藩の家臣たち約四百人が咸臨丸に乗り、新天地を求めて北海道へ渡ろうとした。ところが、函館経由で小樽へ向かう途中の同月二十日午後、強風にあおられ木古内町サラキ岬沖で岩礁に乗り上げ座礁してしまう。

　乗船者は一人の犠牲者を出しただけで、残りは全員地元民によって救助されたが、咸臨丸はその三日後に沈没した。開国の一方の立役者であり、かつてはその雄姿で太平洋を疾駆した日本初の蒸気軍艦の、あまりにも悲しい末路だった。

二　大事件を起こした主役たちの消えた「足跡」

大坂の陣で光芒を放った豊臣方の豪傑たちが遺したもの

▼寄せ集めの浪人集団だった

徳川と豊臣による最終決戦――すなわち慶長十九年（一六一四）冬と翌二十年夏の二度にわたる大坂の陣は、史上最大の籠城戦とも言われている。なにしろ、城に籠る豊臣軍は十万、寄せ手の徳川幕府軍は二倍の二十万という空前絶後の大軍同士の合戦だった。

幕府軍の武将の顔ぶれをみると、上杉景勝、伊達政宗、前田利常、井伊直孝、土井利勝、本多正純、松平忠直、藤堂高虎、佐竹義宣、福島正則、加藤嘉明、脇坂安治、片桐且元、蜂須賀家政、立花宗茂……など大物が綺羅星の如く参陣していた。

では、一方の豊臣軍となるとどうだろう。この大坂の陣で城に籠った豊臣方の武将と聞いて、あなたは誰を思い浮かべるだろうか。ほとんどの人は真田信繁(幸村)くらいで、少し詳しい人なら木村重成、薄田兼相、後藤又兵衛、塙団右衛門……らの名前をあげるだろう。

いま名前をあげた真田信繁ら籠城側の主だった武将はすべてこの大坂の陣で戦死したことは言うまでもない。大半が風雲に乗じて一旗揚げようと各地からやって来た浪人の寄せ集めで、到底勝ち目がないことは誰の目にも明らかだったのに、彼らはなぜ豊臣に殉じようとしたのだろうか。

この項では籠城軍の主だった武将を取り上げ、豊臣方に加わった動機や経緯と、城に籠ってから戦死するまでの短い〝その後〟を追った。なお、真田信繁に関しては小説やドラマなどでよく知られているため、今回は割愛させていただいた。

▼秀頼とは乳兄弟として育つ

まず、木村長門守重成。戦場に出る際は討ち死にして首を取られることを覚悟し、兜に香を焚きこめていたという伊達男だ。目元の涼やかな美丈夫で立居振舞が雅な半面、槍や刀、騎馬の術に長け、将としても申し分なかった。大坂城内では女たちから例外なく秋波(しゅうは)を送られ、艶書(ラブレター)が連日降るように舞い込んだという。

生年や父母は未詳。一説に、豊臣秀吉(ひでよし)の家臣木村重茲(しげこれ)の子と言われている。重茲は秀吉の甥(おい)の豊臣秀次(ひでつぐ)付の家老だった人物。秀次は一時、秀吉の後継者と目されていたが、秀頼(ひでより)が誕生すると秀吉から疎(うと)まれ、結果的に無実の罪によって切腹させられてしまう悲劇の若者だ。

この秀次事件に連座し、重茲は長男高成(たかなり)とともに秀吉から切腹を命じられるが、次男重成は幼年ゆえに助命された。そして母親が秀頼の乳母となったことで幼少期から秀頼に小姓として仕(つか)えたという。この説が正しいとすると、重成と秀頼は乳兄弟(ちきょうだい)の間柄ということになる。

幼少期から兄弟のように育っただけに秀頼の信頼は厚く、元服すると若くして豊臣家の重臣となる。慶長四年（一五九九）には豊臣姓を与えられるほどだった。やがて豊臣家と徳川家康との関係が険悪になると、重成は大野治長(おおのはるなが)や渡辺糺(わたなべただす)らとともに開戦を主張したという。

慶長十九年十月、大坂の陣が勃発。重成は八千の兵を率いて、徳川方の佐竹(さたけ)・上杉(うえすぎ)連合軍と対峙(たいじ)した。この「今福(いまふく)の戦い」が重成の初陣(ういじん)だった。両軍、激しく鉄砲を撃ち合う激戦となったが、重成は敵方の武将渋江内膳と一騎打ちをし、その首を取るという武功をあげている。

▼家康も惜しんだその才能

総大将の秀頼は、重成が寡勢で敵を追い払ったことを称賛し、感状と政宗作の名刀を下賜しようとした。ところが重成は、こう言ってそれを断っている。

「このたびの戦は自分一人の働きにあらず。また、感状は他家に仕えるときの経歴の飾りとなるもの。わたしは二君に仕える気は毛頭ありませんので、無駄と思った次第」

この言葉を聞いて、秀頼は大いに感じ入った様子だったという。

その後、難攻不落の大坂城に対し力攻めをあきらめた家康は、策をめぐらせて豊臣方との和睦にこぎつけ、冬の陣は一応の終息をみた。このとき重成は秀頼の正使に抜擢され、二代将軍秀忠の陣に出向き、秀忠から誓書を受け取っている。そのときの態度が堂々として実に見事だったので、居合わせた徳川方の諸将から感嘆の声があがったという。

この誓書の受け取りは、講談などでは秀忠ではなく家康と対面し、重成が家康をやりこめたことになっているが、そのような事実はないという。

さて、運命の夏の陣である。最終決戦を覚悟した重成は兜に香を焚き、新婚の妻青柳と別れの盃を交わすと、長宗我部盛親らとともに大坂城を打って出た。兵力は合わせて一万一千。河内路から大坂城に向かう徳川本軍十二万を迎撃する狙いだった。これが現在の東大阪市南部で繰り広げられた「八尾・若江の戦い」である。

この戦いでは、重成隊六千は藤堂高虎隊や井伊直孝隊と若江方面で激戦を展開したものの、奮戦むなしく壊滅状態となり、重成も討ち死にした。五月六日の早朝のことだった。

『難波戦記』によると、髪から香が漂う重成の首を検めた家康が、

「若輩なりける木村がかくの如きの行跡、稀代の勇士なるを、不憫なる次第かな」

そう言って惜しんだという。

▼長政と合わず禄を離れる

後藤又兵衛（基次）は、黒田官兵衛（孝高）とその子長政、そして豊臣秀頼に仕

え、豊臣秀吉の九州征伐、朝鮮の役、関ヶ原、大坂の陣など数多くの合戦で戦功を重ねた。戦国期を通じて、豪傑という形容がこれほどふさわしい男もいないであろう。

幼少期から黒田官兵衛に養われ長政とともに育った又兵衛は、長政が筑前（福岡県北西部）国に移封されると、大隈城の城主となり一万六千石を与えられた。ところが、幼いころから長政とはソリが合わず、官兵衛が亡くなると、いよいよ両者の軋轢は表面化した。そのあげく又兵衛は思い切った行動に出る。筑前を出奔して浪人になってしまったのだ。慶長十一年（一六〇六）のことで、四十代半ばと思われる。

その後、京都に隠棲した又兵衛のもとに、諸国の大名から士官の誘いがいくつも舞い込むが、やがてそのいずれもが立ち消えに終わる。又兵衛を憎んだ長政が、他家への士官をできなくする「奉公構」の回状を諸大名に出したため、諸大名はそれに遠慮したのである。

そうなると、武士として生きる道は、孤立した豊臣家を頼るしかなかった。又兵衛は秀頼からの依頼に応じる形で大坂城に入ると、城に集まった浪人集を束ねる大将格の身分を与えられる。そして、開戦前の閲兵式では寄せ集めの豊臣軍を指揮して軍事演習を見事に成功させ、「大坂城に後藤又兵衛あり」を内外に印象付けることとなった。

▼徳川方の引き抜きにあう

用兵の術にも長けていた又兵衛は、真田信繁とともに徳川方への奇襲作戦を何度となく秀頼の側近の大野治長らに進言したが、その作戦が採用されることはついになかった。大野らは、又兵衛や信繁を頼りにしながらも、「しょせん浪人の分際で」とどこか見下すところがあったからだと言われている。

又兵衛の戦死は木村重成と同じ五月六日とされている。「道明寺の戦い」において、味方に十倍する伊達政宗隊らと激戦を繰り広げ、乱戦の中、伊達隊の先手片倉小十郎が率いる鉄砲隊に狙撃され落命した。享年は五十代半ばだった。

これは又兵衛が存命中の逸話だが、徳川幕府の使いと称する一人の僧侶が城に籠る又兵衛のもとへ密かに訪ねてきて、「播州（兵庫県南西部）を与えるので、貴殿を幕府方にお迎えしたい」と言ったという。これに対し又兵衛は、

「大坂の勢いが強く、関東（幕府方）が危ういときなら知らず、落城寸前になって

寝返ることは武士の道に外れる行いだ」

　きっぱりとそう断ったあと、

「それにしても、故太閤（秀吉のこと）の遺児と徳川将軍の双方から頼みにされたのだから、世に自分ほどしあわせな男もいないだろう」

　しみじみと語ったという。この逸話の真偽は定かではないが、曲がったことが大嫌いな一本気な男であったことは間違いないようだ。

　又兵衛の家来長沢九郎兵衛という者が、又兵衛の勇敢さを物語る逸話としてこんなことを書き遺している。

「一緒に風呂に入った折、五体に負った刀槍の傷跡を数えてみたところ、全部で五十三個もあった」

　その傷跡の一つ一つが、戦塵の中でしか生きられない男――後藤又兵衛の人生を物語っていたのである。

▼目立つことが大好き

　あと二人、大坂の陣で超人的な活躍をみせた塙団右衛門（直之）と薄田隼人正

（兼相）についても簡単に触れておこう。

団右衛門は若いころ諸国を放浪したのち加藤嘉明に仕え、一千石を頂戴する。ところが関ヶ原の戦いで軍令違反（命令無視）を犯したため嘉明の勘気を蒙り、禄を捨て出奔する。その後、諸家を転々とし、京都では寺の坊主にもなったようである。

大坂冬の陣が始まると、豊臣方に参加し、大野治房（治長の弟）の指揮下に入った。和議が迫ったころ、団右衛門は上層部に対し「ここで和議の条件を少しでも有利なものにするため夜襲を仕掛けるべき」と進言し、それが認められた。

勇躍した団右衛門は、百五十余の兵を率いて蜂須賀隊の中村右近の陣に攻め込み、右近以下二十一人の首を討ちとって帰還する。味方の戦死者はわずか一人で、夜襲は大成功。団右衛門の名は一躍城の内外にとどろいた。

この夜襲では、団右衛門は「夜討ちの大将、塙団右衛門直之」と書いた木札を敵陣にばらまかせたという。加藤嘉明の下で戦ったさきの関ヶ原の戦いにおいても、団右衛門は青い絹地に赤い日の丸が描かれた長さ十メートルもの旗指物を背負って戦場を駆けめぐったと言われており、とにかく目立つことが大好きな男だった。

そんな団右衛門も、夏の陣では三千の兵を率いて浅野長晟隊と交戦（「樫井の戦い」）し、華々しい討ち死にを遂げた。一番槍の功名を狙い、自分一人が先行したため敵に囲まれて討ち取られるという、この男らしい死に様だった。享年四十九。とかく独断専行が激しいため、城中での評判はよくなかったという。

▼幕府軍と三度戦い三度引き分ける

一方の薄田兼相だが、若いころは豊臣秀吉の馬廻りだったという。慶長十六年（一六一一）ごろには秀頼から三千石をもらっている。冬の陣では侍大将に任ぜられ、五千石を頂戴するが、すぐに大失態を犯し、敵味方関係なく嘲笑の対象となってしまう。

なぜそんなことになったかというと、木津川沿岸を守備するために浪人兵七百余を引き連れ、博労淵（現在の大阪市西区立売堀付近）に砦を築いたまではよかったが、自分一人が抜け出して遊郭で浮かれている間に徳川方の攻撃を受け、砦が陥落してしまったのだ。

そんな兼相に対し、味方から「橙武者」の渾名が付けられたという。見かけは立派だが、酸っぱくて食べられない橙は、せいぜい正月飾りがいいところだというところから、見かけ倒しの武士——といった意味である。

こうなっては豪傑も肩身が狭い。なんとか汚名を返上したいものだと日々念じていると、すぐにその機会がやってきた。それが夏の陣の「道明寺の戦い」である。

兼相は、盟友の後藤又兵衛が戦死した後も、幕府の大軍と三度戦って三度引き分けるという離れ業を成し遂げたが、敵方に次々と新手が加わったことでついに力尽き、乱戦の中で討ち死にした。こうして兼相は豪傑としての自らの誇りを守り抜いたのであった。

なお、薄田兼相は、狒狒退治で知られる伝説的豪傑岩見重太郎の後身とする説もあるが、架空の人物とされる岩見重太郎に信憑性を持たせるために講釈師が張扇の中からたたき出した絵空事と考えて間違いないだろう。

とにかく、大坂の陣ではこうした個性の強い豪傑が豊臣方に少なからずいたようである。彼らを統率するには彼ら以上に強烈な個性を持つ将が上に居なければならないが、惜しいかな寄せ集めの城中にはそれにふさわしい将は見当たらなかった。このことも豊臣方の敗因の一つと考えられている。

〝変人大名〟徳川宗春が将軍・吉宗を相手に最後まで渡りあえた理由

▼変人大名対暴れん坊将軍

江戸中期の名古屋に、白牛に乗り、目にも鮮やかな猩々緋の羽織と漆黒の唐人笠という奇抜ないでたちで、五尺に余る長大な煙管をくわえながら、城下を悠々と練り歩く殿さまがいた。その殿さまこそ、本編の主人公、尾張（愛知県西部）七代藩主徳川宗春である。

金銀の円滑な流通こそが経済政策の最優先課題と考えている殿さまだった。上に立つ者が率先して金銀を使うことで下々にもその金銀が行き渡り、ひいては国が繁栄するという考えだった。鳴かず飛ばず騒がずと御家安泰を第一義とする徳川幕府二百七十年の歴史の中ではまことに特異な個性の持ち主と言えよう。

一方、この宗春とは真逆の考えを持っていたのが、当時、徳川幕府八代将軍の座にあった吉宗だ。そう、あの「暴れん坊将軍」である。吉宗は、幕府が抱える膨大な累積赤字を解消するには全国に緊縮倹約政策を行き渡らせる必要があると考え、自ら日に三度の食事を二度にするなど質素な生活を率先し、世の中にはびこる華美贅沢を徹底的に取り締まった。

自由開放政策を唱える宗春と緊縮倹約政策を掲げる吉宗――。そんな水と油の考えを持つ二人がぶつかったとき、どちらか一方が再起不能にまで転落するのは最初からわかっていたことだった。宗春は御三家（尾張、紀伊、水戸）筆頭藩主とはいっても、やはり絶大な権力を持つ将軍吉宗の敵ではなかった。

宗春は「国政を乱し、領民を困窮させた」という咎により、吉宗から隠居謹慎を命じられてしまう。こうして宗春は亡くなるまでの約二十五年間、名古屋で蟄居生活を過ごした。一体それはどんな暮らしぶりだったのだろうか。

▼タナボタで将軍、尾張藩主に

八代将軍吉宗と尾張七代藩主宗春の生い立ちには共通点が多い。

吉宗は貞享元年（一六八四）十月、紀州二代藩主光貞の四男として生まれた。

光貞が風呂番の下女に手を付け、できたのが吉宗である。母親が卑しい身分であったため、幼少期は上三人（一人は早世）の兄たちとはなにかと差別されて育った。

一方の宗春は元禄九年（一六九六）十月、尾張三代藩主綱誠の子として生まれた。吉宗とはちょうどひと回り（十二年）下だ。綱誠という殿さまはたいへんな子福者で、十一代将軍家斉の五十三人（二十六男二十七女）には一歩ヒケをとるものの、それでも生涯に四十人（二十二男十八女）の子を成した。宗春はその二十番目の男子だった。

通常なら、吉宗も宗春も到底出世の目は無かった。ところが、運命が二人に味方した。まず吉宗だが、宝永二年（一七〇五）に三代藩主の兄綱教が亡くなると、後を追うように実父光貞が死に、四代藩主となった次兄頼職までが病死した。こうしてはからずも吉宗に紀州五代藩主の座が回ってきた。さらに幸運は続く。正徳六年（一七一六）四月に七代将軍家継が早世すると、推されて将軍職を継ぐことに。吉宗三十三歳のときである。

宗春の場合、長い雌伏期間を経て享保十四年（一七二九）、三十四歳のときに奥州梁川藩（福島県伊達市）三万石の藩主として世に出ると、その翌年、兄継友の急死によって尾張七代藩主の座が転がり込んできた。上にいた兄たちが次々に死んだことで幸運がめぐってきたのは吉宗とまったく同じだった。

▼大奥の美女五十人を解雇

吉宗が将軍になって、まっ先に取り組んだのは財政再建である。将軍職をついだ当初、幕府には四十万両もの累積債務があり、これをなんとかすることが最優先課題であった。なぜここまで赤字が膨らんだかといえば、理由は簡単で、貨幣流通経済の発達に伴い、農本経済が行き詰まってきたからである。その結果、豪農や町人階級が勃興するのに対し、ただ消費するだけで一切の生産活動に従事しない支配（武家）階級だけがますます困窮するという図式だった。

吉宗はこうした悪循環を断つため徹底した緊縮倹約政策を打ち出した。例えば、それまで大金が投じられた歴代将軍の法要を縮小し、カネ食い虫であった大奥にも人員削減やコストカットなどの大鉈をふるった。庶民に対しても、冠婚葬祭はむろんのこと、祭礼や節句の飾り物にまで制限を設けた。芝居小屋や色里の灯も消えかかったことは言うまでもない。

この大奥の人員削減に関して面白い話が伝わっている。吉宗はまず、大勢の若い女中のなかから五十人の美人を選ばせたという。選ばれた女たちは、将軍の寵愛を受けることができると喜んだのもつかの間、全員解雇されてしまう。

「美人なら実家に戻っても嫁のもらい手があろう。不美人ならここで雇ってやらねばかわいそうではないか」

吉宗はそう言って笑ったという。人柄がしのばれる逸話と言えよう。

▼持論を展開して一歩も引かず

吉宗が先頭に立って旗をふるった、この「享保の改革」も十五年目を迎え、目に見えて成果が表われ始めてきたころだった。突如として、吉宗の前にあの男が現れたのである。

享保十六年（一七三一）春、宗春は江戸を発って名古屋に初入府した。このとき、通常の藩主のお国入りであれば駕籠が使われたが、宗春はまばゆい金色の鞍を置いた漆黒の馬に、足袋まで全身黒ずくめという異様な服装で騎乗していた。沿道の領民たちは、海の向こうの国からやってきた人でも見るように、口をあんぐりさせてそんな風変わりな新藩主を迎えたに違いない。

この日を境に、名古屋は町も人もすっかり変わってしまった。芝居や歌舞音曲の禁が解かれ、城下を歩けばあちらこちらから三味線や太鼓の音が聞こえてくるようになり、大坂や江戸からも多くの芸人や相撲取りなどが興行にやってきた。繁華街には茶屋や料理屋、呉服屋、小間物屋、遊女屋など種々の店が立ち並び、昼となく夜となく人通りは絶えないようになった。

それやこれやで、宗春が入府前は五万人ほどだった名古屋城下の人口はまたたく間に七万人にまで膨れ上がったという。まさに、日本中でこの名古屋ばかりは幕府の質素倹約令などどこ吹く風のにぎわいぶりであった。

吉宗は将軍としてそんな宗春の勝手なふるまいを見逃すわけにはいかず、翌享保十七年九月、江戸在府中の宗春のところに訊問使を向かわせた。

「領民に華美贅沢を赦しているのはけしからん。いかなる存念があってのことか」

と上使は厳しく追及したが、宗春は、

「それぞれの大名家はある程度の自治権を認められており、名古屋という大都市に見合った政策をとっているまで。上がまず金を使えばそれが呼び水となって領民の暮らしは潤う。年貢は取るばかりでなく、それを消費してこそ国は繁栄する」といった意味合いの持論を展開し、一歩も引かなかった。のちに訊問の内容を聞いた吉宗は、宗春という男は自分とは相容れない危険思想の持ち主と断定し、機会をとらえて葬り去ることを考えるようになったという。

▼広大な下屋敷で悠々自適の生活

宗春によるこの自由開放政策は当初、誰の目にも成功したかのようにみえたが、やがて思わぬ綻びが表面化してくる。藩士や領民たちの間で「楽しければ、それでいい」という享楽的な雰囲気が蔓延し、人々は怠惰な暮らしに明け暮れるようになる。わけても遊郭に入り浸る藩士が続出し、士風は大いに乱れた。

当然、藩財政は困窮した。そこで宗春は仕方なく、農民や町民らに五万両もの上納金を課すことを決めた。そうなると、これまでとは百八十度違う政策に領民たちから不平不満の声が噴出したのは言うまでもない。

これが、吉宗が期待した宗春を葬り去る絶好の機会となった。尾張藩の江戸屋敷で尋問が行われてから七年後の元文四年（一七三九）一月、尾張藩の重臣五人が江戸城に呼び出され、吉宗からじかにこう命令された。
「藩主宗春、行跡常々よろしからず、隠居謹慎を命ずる」
こうして宗春は名古屋城下で明和元年（一七六四）に六十九歳で亡くなるまで、実に二十五年間も蟄居生活を送ることになった。

宗春が隠居謹慎し、従弟の宗勝が八代藩主となると、名古屋は宗春の前の六代継友の時代の法令が復活し、質素倹約が奨励された。そのため名古屋城下の活気はすっかり失われてしまったという。

宗春の謹慎生活だが、外出こそできなかったが、書画に親しんだり茶碗を焼いたりと悠々自適に毎日を過ごした。特に、現在の名古屋市東区葵のあたりにあった御下屋敷は六万坪（東京ドームの約四・二倍）もの広さがあり、敷地内に町があるようなつくりだったので退屈することはなかったらしい。

▼趣味で漢方薬草を栽培

謹慎させた張本人とはいえ吉宗との関係は良好で、吉宗からの使者がよくやって来ては「不足しているものはないか」「鷹狩や魚捕りができずに気鬱にならないか」

などと宗春のご機嫌をうかがったという。

　宗春はこの謹慎期間中は趣味として漢方薬草の栽培にも熱心に取り組んでおり、吉宗から拝領した朝鮮人参を育てる専用の畑や薬草園も敷地内にあった。史家に言わせると、このことがのちの名古屋の医学発展の礎（いしずえ）になったという。

　吉宗が将軍を引退して六年後の寛延（かんえん）四年（一七五一）六月、六十八歳で亡くなったとき、宗春は謹慎十二年目の五十六歳だった。このとき宗春はかつての好敵手（ライバル）の死をどうとらえたのだろうか。

　宝暦（ほうれき）十年（一七六〇）、徳川家治（いえはる）が十代将軍に就任し、老中田沼意次（たぬまおきつぐ）の先導で幕府は重商主義政策に方針転換を図る。翌年六月、尾張藩主宗勝が死去すると、宗勝の次男宗睦（むねちか）が九代藩主の座についた。宗睦はのちに尾張藩の「中興の祖」と称えられたほどの名君で、このころから名古屋は宗春時代のにぎわいを取り戻していくのである。

　宗春が尾張藩主の座にあったのはわずか足かけ九年。自由開放政策は結果的には失敗だったが、名古屋が今日、「風流、芸どころ」として知られているのは、この宗春時代が礎になっているのは間違いない。その意味では、名古屋文化を開花させた立役者としてもっと評価されてよい人物である。

二人の天下人に仕えた福島正則の〝空白の最後〟をめぐる謎

▼家康に天下を取らせた二人とは

天下分け目の関ヶ原合戦では徳川家康の東軍が、石田三成が率いる西軍に勝利したのはご存じのとおり。この合戦で家康に勝利をもたらした最大の功労者は小早川秀秋と福島正則の二人だと言われている。

豊臣秀吉にとって義理の甥にあたる小早川秀秋は、合戦の最中に西軍から東軍に寝返った人物として有名だ。一万五千もの大軍を擁する秀秋軍が東軍に寝返ったことで、寝返りの連鎖現象が起こり、一気にパワーバランスが東軍方へ傾いてしまった。

そして福島正則。彼もまた、関ヶ原の前哨戦の岐阜城攻めにおいて華々しい活躍を見せている。このとき堅城をうたわれた岐阜城が正則らの活躍でわずか一日で陥落、目算が狂ってしまった三成は戦略を練り直さざるを得なくなった。

しかし、この岐阜城攻略よりも、家康をもっと喜ばせたことがある。それは、関ヶ原合戦の二カ月前に下野国（栃木県）小山で開かれた、通称「小山評定」の場においてであった。

▼正則の一言で軍議が決する

会津（福島県）の上杉氏を討つため、諸大名を率いて江戸を出発した家康のもとに、大坂に居る三成が挙兵したとの一報がもたらされる。そこで家康は急きょ、会津へ向かう途中の小山で諸将を集め軍議を開いた。いまだ旗幟が鮮明でない大名たちは自分と三成のどちらに味方するのか、この場で見極めようとしたのである。

冒頭、家康は「このまま上杉を討つべきか、反転西上して三成を討つべきか……」と諸将の顔を見回し、「この場を離れて三成につくのも、わしにつくのも皆々の勝手次第。妻子が心配な方は急ぎ大坂へ駆け付け、三成に与されよ」と宣言した。このとき家康に従っていた諸将のほとんどは豊臣家譜代で、大坂に妻子を残してきていた。つまり、三成に人質を取られたも同然だったのである。

一座にわずかな沈黙の時間が流れるなか、まっ先に口を開いたのが福島正則だった。正則という人は、豊臣軍団にあっては加藤清正（かとうきよまさ）と双璧を成す猛将で、二人ともに秀吉子飼いの臣でもあった。それだけに、秀吉の遺児秀頼（ひでより）を擁立する三成に味方をしたとしてもなんら不思議はなかった。しかし次の瞬間、正則が発した言葉に諸将はわが耳を疑った。

「このたびの三成の挙兵は一身の野心から出たものに相違なし。たとえ三成のために妻子を殺されても、この正則、内府（ないふ）（家康のこと）さまにお味方つかまつる」

このときの正則の発言は、かねてより三成とは犬猿の仲で、日頃の三成憎しの一念から出たものだったが、この一言によって、われもわれもと家康への味方を申し出る者が続出し、軍議は決した。

家康はこのときの正則の発言が余程うれしかったのか、関ヶ原合戦が終息後、正則に対し「このたびの大勝はひとえにそこもとのお陰でござる。徳川家ある限り忘れはいたさぬ」とまで言って感謝の意を表したという。

それほど家康に感謝された正則が、のちに同じ徳川家から改易（かいえき）処分を命じられることになるのだから、運命は皮肉だ。一体なぜそんなことになったのだろうか。

関ヶ原後の福島正則の有為転変をたどった。

▼家康との関係がこじれ始める

福島正則は永禄四年（一五六一）、尾張国海東郡（愛知県あま市）で生まれた。父親は清洲の桶職人だったという。秀吉とは縁戚関係にあったとされ、その縁で長浜城主になったばかりの秀吉に十代前半で仕えた。同じころ、刀鍛冶の息子として現在の名古屋市中村区で生まれた加藤清正も秀吉に仕えている。

正則と清正は同年代（正則が一つ上）で境遇も似ていたことからウマが合い、子飼いの家来が欲しくてたまらなかった秀吉から「お市（市松＝正則）、お虎（虎之助＝清正）」と呼ばれ、なにかと目をかけられたという。

正則が頭角を現したのは、秀吉と柴田勝家が覇権を懸けて争った賤ケ岳の戦いである。二十三歳の正則は「七本槍」の中でも一番の活躍をみせ、のちに秀吉から五千石を頂戴している。その二年後には伊予（愛媛県）十一万石を与えられて大名となる。さらに、朝鮮の役後の文禄四年（一五九五）、三十五歳で尾張清洲二十四万石を得た。

関ヶ原合戦では、率先して徳川方についたことが評価され、戦後、正則は安芸（広島県西部）一カ国と備後（同東部）の一部を合わせ、芸備五十万石を家康から頂戴する。桶屋の小倅が押しも押されもせぬ西国を代表する太守へと駆け上がったのである。

ところが、この関ヶ原合戦を境に、正則と家康との関係は少しずつこじれはじめる。その発端となったのが、正則の家来佐久間加左衛門と家康の家来伊奈図書との争いである。

関ヶ原後、家康から京都の警護を命じられた正則。ひと足先に嫡子正之を入京させたが、正之に急ぎ連絡したいことができ、家来の加左衛門を呼んで京へ向かわせた。ところが、加左衛門が三条大橋までやってくると、橋を警備していた図書が、上役から報告を受けていないの一点張りで、加左衛門の通行を断固拒否する。あげくには図書の家来が加左衛門を打擲する始末だった。

加左衛門は悔しさ一杯で主人正則のもとへ立ち返ると、委細を正則に打ち明けた後、責任を取って切腹してしまう。怒った正則は、家康の側近井伊直政に加左衛門の首を送りつけると、伊奈図書の首との交換を要求する。

井伊直政は正則に対し必死になだめにかかるが、正則は「加左衛門はかけがえのない家来。ここはどうでも図書の首をもらわなければ承服しかねる」と強硬な態度を崩さなかった。そこで仕方なく、家康は図書に因果（いんが）を含め、切腹させたという。このとき家康の胸の内では、正則に対してどす黒い復讐の焔（ほむら）がそだち始めたのは間違いないだろう。

こんなこともあった。嫡子正之が突如狂乱したことから、正則はやむなく正之を幽閉（ゆうへい）（のちに餓死）し、正之の妻に迎えていた家康の養女を、家康に何の相談もなく突き返すということがあった。家康の面目も丸つぶれである。

さらにまた、後世に言う大坂の陣の直前、大坂方から、大坂に蓄えている正則の兵糧米（ひょうろうまい）八万石を借用したいと、江戸屋敷にいた正則に申し入れがあった。これに対し、秀頼を憐（あわ）れむ気持ちが強かった正則はこころよく承諾する。このことも家康の神経を逆なでするのには十分だった。

▼本多正純のワナにはまる

家康の死からちょうど二年が過ぎた元和（げんな）四年（一六一八）四月下旬、正則は突然江戸城に呼び出しを受ける。そして二代将軍徳川秀忠の側近の本多正純から居城広島城の無断修理を咎められ、修理箇所の破却を命じられる。

その一年前に、台風によって広島城の石垣が破損したため、正則は本多正純に修理許可を求めていた。家康生前中の元和元年に定められた『武家諸法度』において、諸大名は城を修理する際、どんな些細なことであっても幕府に報告して許可をもらわなければならなかったからである。

その際、正純から口頭だったが、「その程度の修理なら問題はござるまい」との返答を得ていた。正則はこれを鵜呑みにして修理に取り掛かったのだったが、それが今になって、書類として正式な届けが出ていない、との理由で咎められてしまったのだ。

「正純めに謀られた……」

正則は無念の臍を噛んでみるが、あとの祭りだ。おそらく正純は家康の存命中、「わしが死んだら、折をみて福島家を廃絶せしめよ」とでも家康から言われていたのであろう。何かと自分に刃向かう態度を見せる正則は、徳川家にとって将来の禍根ともなりかねないと慎重居士の家康は危惧していたのである。

こうして江戸屋敷で謹慎の日々をすごすことになった正則。それから一年以上が過ぎた同五年六月、正式に正則の処分が決まる。その内容とは「芸備五十万石を召し上げ、正則父子は津軽（青森県）へ配流、格別の思し召しをもって四万五千石を与えらる」という厳しいものだった。

この処分に対し、正則の反乱もありえると警戒した幕府側は、数名の大名に命じて正則の屋敷を包囲させたという。しかし、正則は黙ってその処分を受け容れ、反乱の挙に出るようなことはついになかった。

同様に居城広島城でも、開け渡しは滞りなく行われた。あらかじめ城側では江戸表にいる主君正則から、幕府の命令に従うよう指示を受けていたため、城内をくまなく掃き清めたうえ、各種の書類や目録を添えて上使に渡した後、家士たちは粛々と城を立ち去ったという。

その後、いっさいの抵抗なしに上意を受け容れた正則の態度が神妙であるとして、配流先を当初の津軽から、越後（新潟県）魚沼郡二万五千石に信濃（長野県）川中島二万石を合わせた四万五千石に変更される。

こうして正則は、寛永元年（一六二四）七月十三日に六十四歳で亡くなるまでの六年間を、川中島高井野村で過ごした。青年期から壮年期にかけて「荒大名」と異名をとったほどの武将にしてはごく穏やかな晩年だった。

幕藩体制の礎が固まりかけたいま、一大名がどんなに虚勢を張ってみても、蟷螂の斧であることを正則は、戦国乱世の荒波を泳ぎ切ってきた武将ならではの嗅覚で悟っていたのであろう。きっと正則は、自分のような辛い晩年を味わうことなく、五十歳で先立った朋友の加藤清正がうらやましかったに違いない。

ところで正則は亡くなってからも悲劇に見舞われている。正則の死を知り、幕府は検使を派遣したが、その到着前に正則の家臣が勝手に遺体を荼毘に付したことから、領地をすべて没収されてしまった。一説に、正則は自刃したため、そのことを隠そうと早々に荼毘に付したのだという。

のちに幕府は正則の関ヶ原での功績をくんで、四男正利に三千石を与えて寄合席に置いた。ところが、その正利が早く亡くなり、跡継ぎが無かったことから、再度断絶の憂き目にあう。その後、五代将軍綱吉の代で、正則の次男忠勝の孫正勝が召し出され、二千石で寄合旗本となり、福島の家名を保った。

豊臣政権の末期を支えた五奉行が辿った知られざるその後

▼五大老と五奉行による合議制

　関ヶ原の戦いが起こる二年前の慶長三年（一五九八）八月十八日、一代で天下人の座に駆け上がった豊臣秀吉が死去した。亡くなる十三日前のことだが、秀吉は徳川家康、前田利家、毛利輝元、上杉景勝、宇喜多秀家ら有力大名五人に対して遺言状をしたため、わが子秀頼の行く末をたのんだ。その遺言状には追伸として以下のようなことが書かれていた。

「秀頼の事、たのみ申し候、五人のしゆ（衆）たのみ申し上げ候、いさい（委細）五人の物（者）に申しわたし候、なごりおしく候　以上」

　ここにある「五人の衆」とは、家康以下の五人であることは言うまでもない。いわゆる「五大老」である。そして、「五人の者」とはのちに「五奉行」と呼ばれることになる、すなわち前田玄以、浅野長政、石田三成、増田長盛、長束正家の五人をいう。

秀吉亡き後、この五大老と五奉行による合議制で豊臣政権が運営されたのはご案内の通り。五大老は政治の大まかな舵取りを受け持ち、五奉行のほうはその実行部隊として、まず前田玄以が京都所司代（京都に設置された行政機関の長官）を兼ねることとし、朝廷や公家、寺社などを管轄。さらに浅野長政は司法、石田三成は行政、長束正家は財政、増田長盛は土木の分野を受け持った。

この五大老・五奉行制度は関ヶ原の戦いが始まるまでのわずか二年足らずで崩壊することになるのだが、本項では秀吉亡き後のそんな彼らの足跡を辿った。五大老に関してはほとんど知られているので、ここではあまりその足跡が知られていない五奉行、それも石田三成を除いた四人の奉行たちのその後にスポットを当てた。

▼長政を家康に密告した人物とは？

秀吉が亡くなって、五大老・五奉行が最初に取り組んだのが、慶長の役後、朝鮮に残していた日本軍の将兵を帰還させることだった。石田三成らの働きでその年の十一月下旬までにこれを完了させると、それを待っていたかのように家康が策動を始めた。

まず家康は、三成とは対立関係にあった福島正則や加藤清正、黒田長政ら有力大名に接近し、豊臣氏には無断で縁戚関係を結ぼうとした。こうした家康の勝手な行為は秀吉の遺命に背いたことになるため、家康を除いた四大老・五奉行は家康に激しく抗議し、いったんは家康の動きも沈静化する。

ところが、慶長四年閏三月三日に前田利家が大坂で死去すると、自分に対抗しうる唯一の勢力が消滅したことで、家康は三成ら五奉行に対し露骨に揺さぶりをかけ始めた。

まず、福島正則や加藤清正ら武断派が石田三成に対し襲撃計画を企てたことを好機ととらえ、事件の鎮静化を図るためと称し、三成を領地の近江国（滋賀県）佐和山に蟄居させ、五奉行は四奉行となった。

ついで十月二日、浅野長政が家康から暗殺の嫌疑をかけられると、家督を嫡男幸長に譲って武蔵国府中（東京都府中市）に隠居した。これで三奉行だ。実は、長政に謀叛の疑いありと家康に密告したのは五奉行の一人、増田長盛だった。

翌慶長五年五月三日、家康は上杉景勝を討伐するための軍を起こすのだが、すでに五奉行の中では支柱的存在だった石田三成と浅野長政が脱落しており、残った三奉行にはその家康を止めるだけの知恵も権力も残っていなかった。

こうして運命の関ヶ原へと突入するわけだが、以下では石田三成を除いた四奉行のその後について述べてみたい。

▼五奉行の中では筆頭格だった長政

まず石田三成の次に脱落した浅野長政について――。長政は秀吉の正室・北政所の妹婿に当たる。はじめ織田信長に仕えたが、間もなく秀吉に仕えて与力となる。親戚が少なかった秀吉には頼りになる存在だった。信長没後の賤ヶ岳の戦いで功があり、秀吉から近江国大津二万石を与えられる。

以後は秀吉の裏方として内政面に手腕を発揮。秀吉が実施した「太閤検地」では中心的役割を果たした。天正十五年（一五八七）には、九州平定で活躍したことなどが評価され、若狭国（福井県）小浜八万石の国持ち大名となる。

朝鮮の役では軍監として渡海した。文禄二年（一五九三）、甲斐で二十二万五千石を与えられる。いわゆる五奉行になったのはその五年後の慶長三年のことである。秀吉との関係性の深さから、長政は五奉行の中では筆頭格であった。

関ヶ原の戦いの直前、長政は増田長盛の讒訴にあっていったんは隠居していたが、合戦が近付くと家康への加担を表明し、子の幸長とともに東軍に属した。幸長は東軍の先鋒として信長の嫡孫・織田秀信が守る岐阜城の攻略で功を立て、関ヶ原における本戦でも活躍した。

これにより幸長は紀伊国和歌山三十七万石へ加増転封となる。長政自身は江戸幕府成立後、家康に近侍し、慶長十年（一六〇五）には江戸に移住した。翌十一年、幸長の所領とは別に常陸国（茨城県）真壁五万石を隠居料として与えられる。

長政は慶長十六年（一六一一）四月七日、六十五歳で亡くなった。長政という人は、治めた国では常に領民からしたわれる名君であった。また、囲碁を好み、家康ともしばしば盤を囲んだ。家康は長政が亡くなったことを知ると、以来、碁を絶ったという。

幸長の没後は嗣子が無かったため長政の次男で備中国（岡山県西部）足守藩主であった長晟が家督を相続した。のちに長晟は安芸国広島藩に加増転封となる。また、長政の三男長重は、長政の隠居料を相続した後、子の長直の代に播磨国（兵庫県南西部）赤穂藩に転封となる。この長直の孫が赤穂事件で有名な浅野内匠頭長矩である。

▼豊臣氏を滅ぼした元凶？

次は、長政に謀叛の疑いありと家康に密告したとされる増田長盛。父母や生誕地などについてはよくわかっていない。二十代後半で秀吉に仕え、秀吉と家康が戦った小牧・長久手の戦いでの功により、二万石を与えられる。

石田三成と同様、軍事よりも内政に秀でており、検地奉行などを務めている。文禄四年（一五九五）、秀吉の甥羽柴秀保が亡くなると、その居城であった大和国（奈良県）郡山城を与えられ、二十万石を領した。

秀吉没後は秀頼補佐の中心的役割を担い、関ヶ原の戦いでは西軍に属して大坂城の留守居を務めた。その一方で、三成の挙兵や、大坂城内の様子を家康に知らせるという利敵行為を働いている。

戦後、長盛は頭を丸めて家康に謝罪したが、家康はそれを許さず、所領没収の上、高野山へ追放する。のちに武蔵国岩槻（埼玉県岩槻市）城主・高力清長に預けられた。

慶長二十年（一六一五）の大坂夏の陣では、子の増田盛次が大坂方に与したことがわかり、戦後その責任を追及され、自害を命じられた。享年七十一。

長盛のことを、豊臣氏を滅ぼした元凶と指摘する史家もいる。その理由は、三成の失脚後、長盛が百万石以上に相当する豊臣氏の直轄地を一括管理していたからだ。この直轄地がもたらす莫大な資金を豊臣氏と西軍のために活用していたなら、関ケ原の戦いは違った結果になっていたかもしれないという。

腹が据わらない態度に終始した長盛こそは、うまく時勢を泳ぎきろうとしてかえって失敗した典型であろう。

▼西軍の二人は異なる処分を受ける

四奉行の残りの二人、前田玄以と長束正家だが、まず前田玄以。出自はほとんど不明だ。元は比叡山の僧侶だとも言われている。織田信長に請われて嫡男信忠付の家臣となり、本能寺の変では信忠の嫡男三法師（秀信）を保護し、のちに傅役となった。

秀吉が覇権を握ると京都所司代となり、朝廷との交渉や市中の民政に大いに実績を上げた。この所司代の職務は関ヶ原まで十七年間も続けた。在任中はどんな罪人であっても一人として死刑にしなかったという。秀吉の信任も厚く、常々秀吉から「智深くして私曲（不正を働くこと）なし」と称されたという。

秀吉没後は豊臣政権下の内部抗争の沈静化に尽力した。石田三成が挙兵すると西軍に加担したが、一方で増田長盛同様、三成の挙兵を家康に内通する裏切り行為を働いている。

玄以は秀頼の後見人を申し出て大坂に残り、さらには病気を理由に関ヶ原には最後まで出陣しなかった。こうした姿勢が家康に評価され、戦後、玄以は所領の丹波亀山（京都府亀山市）五万石を安堵された。慶長七年（一六〇二）五月二十日、六十三歳で没した。

増田長盛と同じような顛末をたどったのに、玄以が処分を受けなかったのは、京都所司代時代に培った朝廷や寺社との太いパイプがあり、これを無駄にする手はないと家康が頭の中でそろばんをはじいたからだった。

▼関ヶ原では絶好の場所に居ながら動かず

長束正家は、はじめ織田信長の重臣丹羽長秀に仕え、天正十三年（一五八五）に豊臣秀吉の直参となった。財務能力に長け、のちに豊臣氏の直轄地の管理や太閤検地に携わった。文禄四年（一五九五）、近江水口城（滋賀県甲賀市）五万石を頂戴し、五奉行に名を連ねる。慶長二年（一五九七）には十二万石に加増された。

関ヶ原の戦いでは西軍に属し、安国寺恵瓊、長宗我部盛親とともに関ヶ原の東南方向にある南宮山に布陣した。そこは関ヶ原の主戦場から遠く離れていたが、東軍の背後をつくには絶好の位置にあった。しかし、結果的に三人は動かなかった。

戦後、正家は本領の水口城にこもったが、寄せ手の池田長吉に欺かれて城から出たところを捕縛され、のちに切腹。首は京都・三条河原にさらされた。没年は四十前後とみられる。

――このように、五奉行とは石田三成以下、行政や財政のスペシャリストぞろいであった。この中に軍事や駆け引きに長けた人物が一人でもいたなら、家康の独走をあるいは防ぐことができたかもしれない。

忠臣蔵では"卑怯者"とされる二人の男の不可解な行方

▼即日切腹、家は断絶

播州(兵庫県南西部)赤穂藩主・浅野内匠頭長矩が、将軍が起居する江戸城内において、しかも朝廷の勅使をもてなす重要な儀式がある日に、とつぜん刀を抜いて高家筆頭・吉良上野介義央に斬りかかるという大事件を起こした。ときの将軍(五代)綱吉は激怒し、内匠頭に対し即日の切腹と赤穂浅野家の断絶という厳しい裁定を下す。一方の上野介にお咎めはなかった。

その翌年の元禄十五年十二月十四日(一七〇三年一月三十日)、大石内蔵助良雄ら旧赤穂藩の家臣だった浪士四十七人が、亡君内匠頭の無念を晴らすためと称して吉良邸を襲い、首尾よく上野介の首をとることに成功する。その後、大石らは幕府に自首して出、全員切腹を命じられた。こうして江戸の元禄期を騒がせた赤穂事件は終息をみたのである。

▼藩の重職にありながら途中放棄

この赤穂事件はのちに『忠臣蔵』として芝居や映画にもなり、ことの顚末は細大漏らさず人口に膾炙されてきたようにみえるが、三百年以上たった今日でも解明されていないいくつかの謎が残っていることは事実。そんな謎の中から、本項では大石内蔵助をめぐる二人の人物のその後についてスポットを当てた。

一人は、赤穂藩末席家老の大野九郎兵衛。御家が断絶と決まり、いざ開城となった際、いち早く自分たち家族だけで赤穂を逐電してしまった人物だ。なぜ九郎兵衛は藩の重職にありながらこのように身勝手な行動をとったのであろうか。歌舞伎の『忠臣蔵』では悪役「斧九太夫」として登場することもあって、後世、九郎兵衛は武士の風上にも置けない不忠臣の代表格というイメージが定着してしまった。はたして実像はどうだったのだろうか。

もう一人は、四十七士の一人の寺坂吉右衛門だ。吉右衛門は吉良邸討ち入りに参加していながら、浪士たちが吉良邸から引き揚げ、亡君の魂が眠る高輪の泉岳寺に向かう途中に姿をくらましたとされ、なぜ途中で逐電してしまったのか、いまもって謎とされている。この逐電によって、一部の忠臣蔵ファンの中には、吉右衛門を義士の列から外したほうがよいと主張する向きもいるほどだ。

そんな吉右衛門は、討ち入り後四十年以上も生きたことが確認されている。その四十年間、なにを思い、どう生きたのか謎は深まるばかりだ。

▼当時赤穂藩には四人の家老が

まず、大野九郎兵衛。江戸城での刃傷(にんじょう)事件が起きたとき、赤穂藩には四人の家老がいた。筆頭家老の大石内蔵助（千五百石）をはじめ、藤井又左衛門(ふじいまたざえもん)（八百石）、安井彦右衛門(やすいひこえもん)（六百五十石）、そして九郎兵衛（同）である。大石以外の三人は才覚によって抜擢(ばってき)された一代家老で、なかでも九郎兵衛は理財(りざい)に長(た)けており、藩の産業を代表する塩田開発において多大な功績を上げたことが家老職抜擢の理由だった。

いわば九郎兵衛は生粋(きっすい)の経済官僚である。おそらく物事は何でも論理的・打算的にとらえる怜悧(れいり)な思考の持ち主だったと考えられる。一方の内蔵助は代々家老の家柄のせいか、「昼行燈(ひるあんどん)」と陰口をたたかれるほど控えめな性格で、情実(じょうじつ)の人でもあった。まさに、二人は水と油だったのである。

城の明け渡しをめぐり藩内で話し合いがもたれた際、案の定、二人はぶつかった。家臣の中の急進派の意見に押される形で内蔵助はいったんは「城に籠（こも）って、御（ご）公儀（こうぎ）（幕府）に再考を願う」という案に傾きかけたが、これに異を唱えたのが九郎兵衛だ。

「ここは御公儀の命令に大人しく従ってこそ、御家再興の願いも、あるいは聞き届けてくれるやもしれぬというもの。もしも籠城し、そのことで罪に問われた場合、累（るい）は家族や親戚はもとより、御本家筋（広島浅野家）にも及ぶのは必定（ひつじょう）」

そう言って、大石らをなだめたという。

▼大坂の塩問屋に身を置く

また、ようやく城明け渡しが決まり、藩士一同に分配金（退職金）を出すことになった際にも二人は対立した。九郎兵衛は、禄高（ろくだか）が多い藩士ほど何かと物入りになるから、ここは禄高に応じて分配すべきと言ったのに対し、内蔵助は、こういうときは小禄の者ほど困窮（こんきゅう）するから、一同が同じくらいずつ受け取ったほうがよい、と主張して譲らなかった。結局、両者の折衷案がとられたのだが、冷静に考えれば九郎兵衛の意見のほうが理にかなっていることは論を俟たないだろう。

しかし、緊急時にはこうした理路整然とした意見より、どうしても感情論が勝った。情に流されることなく常に冷静な判断を下す九郎兵衛はかえって周囲から疎まれ、やがて藩内で孤立するようになっていく。吉良への復讐へと突き進む急進派の暴走が日増しに高まっていくのも、文治派の九郎兵衛には耐えられないことだった。

その結果、九郎兵衛は病気を口実に出仕を取り止め逐電することになる。家財道具などはきちんと整理し、知人に預ける物は預け、処分する物は処分していたというから、この日が来ることをあらかじめ想定していたのだろう。

ただし、このころ九郎兵衛は札座（藩札にかかわる役所）奉行の岡嶋八十右衛門（四十七士の一人）に公金の件で恨みを買っており、命の危険もあったため、逐電の当日はかなりあわてていたらしく、幼い孫娘を屋敷にうっかり置き去りにしてしまうほどだったという。

その後の九郎兵衛だが、大坂に出て、これまで赤穂藩の塩問屋であった塩屋五郎兵衛方の離れに身を置いた。そして、一息つく間もあらばこそ、独自に浅野家再興に動き出す。例えば、京都に出て、内匠頭にとっては母方の従兄弟にあたる戸田采女正（美濃大垣藩藩主）の京都留守居役に会見を申し込んで相談したりしている。

▼九郎兵衛は後続部隊だった？

そのうち江戸から、赤穂浪士による吉良邸討ち入りの成功と、江戸の市民はその義挙にわきかえっているという一報が九郎兵衛のもとにもたらされる。そのとき九郎兵衛はなにを感じ、どう行動したかは一切伝わっていない。

諸書によると、九郎兵衛の息子郡右衛門の嫁は実家から「卑怯未練な一家にこのまま置いておくことはまかりならぬ」との理由で連れ戻され、孫の三四郎はのちに物乞いにまで落ちぶれたという。

肝心の九郎兵衛だが、その後は桜の名所として有名な京都の仁和寺近くで侘住いし、人々から施しを受けながら細々と暮らしたという。死因は衰弱死だったらしく、その日は旧赤穂藩士の手紙によって元禄十六年（一七〇三）四月六日だということがわかっている。つまり、討ち入りがあった年の翌年だ。

九郎兵衛は赤穂を逐電した際、当座は生活するのに困らないだけのお金を持って出たはずである。それなのに、なぜこれほど短期間に零落してしまったのか、疑問が残る。没年齢は不明。また、その手紙から東山の黒谷墓地に葬られたことも確かなようである。

後世、九郎兵衛は内蔵助と示し合わせ、内蔵助が失敗した場合の第二陣として動く計画だったという説が出されたが、それを証明する資料は一切ない。もしもそれが真実なら、内蔵助の討ち入りが成功した時点で、自分の口からそのことを世間に公表すればよいわけで、内蔵助もそれを裏付ける発言を残してくれたはずである。しかし、九郎兵衛にも内蔵助にもそうした発言がなかったことを考えれば、第二陣説は虚説と言わざるを得ない。

また、山形県の板谷峠など全国数カ所に九郎兵衛の墓と称する遺跡が伝わっているが、第二陣説同様、九郎兵衛の不幸な晩年を憐れんだ縁者がのちにつくりあげたものと考えられている。

▼「遠慮説」と「密使説」の合体？

寺坂吉右衛門は四十七士の中ではただ一人士分でなく、足軽だった。足軽頭の吉田忠左衛門に八歳で仕えている。そんな吉右衛門が吉良邸討ち入りの際、いつどのタイミングで姿を消したかだが、四十七士の一人の磯貝十郎左衛門など複数の証言によって、首尾よく本懐を遂げて吉良邸を立ち去るときには現場にいたことが確認されている。どうやら泉岳寺に向かう途中に逐電したらしい。それは一体なぜなのだろうか。

かねてから言われていたのは、吉右衛門はしょせん足軽だけに吉良の家士たちと戦ううちに恐怖心が募り、その場から逃げ出したのだとする説だが、「討ち入りがおさまるまで確かにいた」という浪士仲間の証言がある限り、その説は当てはまらない。第一、本当に恐怖に駆られての行動なら、討ち入りの最中に逃亡するはずだ。

内蔵助から、伝達役となって浅野家ゆかりの者へ討ち入りの次第を伝えるよう指示されたため、という「密使説」もある。浅野家のゆかりの者とは、内匠頭の妻瑤泉院や広島に蟄居していた内匠頭の弟浅野長広（大学）などのことである。しかし、それを裏付ける証拠はまだ見つかっていない。

さらに、「幕府に対する遠慮説」というのもある。かりにも上野介は高家という江戸幕府の儀礼をつかさどる要職にある立場だ。そんな上野介の屋敷に押し入った一団の中に士分でない者が含まれていたというのでは幕府の面目も丸つぶれだ。

そこで内蔵助は幕府に遠慮し、ことが成就したうえは吉右衛門を脱盟させ自由を与えたというのである。身分制度がやかましい時代だけに、この説は十分再考の余地はありそうだ。また、この「遠慮説」に「密使説」を合体させた説を唱える研究者がいることも付記しておこう。

▼大目付から金子をもらう

討ち入りのとき、吉右衛門は三十八歳。その後、八十三歳まで生きた。まず、親とも慕う吉田忠左衛門の娘婿(むこ)の姫路藩士伊藤家に十二年間奉公した。赤穂事件に連座し伊豆大島へ流された忠左衛門の遺児吉田兼直(よしだかねなお)にも忠義を尽くし、遠島の際の見送り、赦免(しゃめん)後の出迎えなども律義に行っている。

その後、伊藤家を離れ江戸・麻布で寺男の仕事を得たが、すぐにその寺の口利きで土佐藩ゆかりの旗本山内家に移る。このとき吉右衛門は士籍(しせき)を得たらしい。

討ち入り後、吉右衛門は幕府に自首して出たこともあったが、大目付仙石久尚(せんごくひさなお)の配慮で罪に問われることはなかった。むしろ、仙石は吉右衛門に金子(きんす)を与えて送り出したという。それだけ赤穂浪士の討ち入りが古今の快挙として世間から支持されていた証であろう。

また、近年になり、当時の人々が抱いていた吉右衛門に対する評価がわかる史料『弘前大石家文書』がみつかっている。同史料によると、のちに大石内蔵助の一族の流れをくむ子孫が寛政二年（一七九〇）に、寺坂の子孫が仕えている山内家に対し、寺坂家の現況を問い合わせたところ、山内家から次のような回答があった。

「今は三代目の吉右衛門で、婿養子のため血脈は続いていないが、主君の側近を務めている」

つまり、三代目にして主君のそば近くに仕えるほど出世していたわけである。この時代、これほどトントン拍子に出世することは極めて稀だ。これは当時の社会が寺坂吉右衛門に対し、義士としての功績を認めていたなによりの証拠と考えられている。

幕末の京洛で凶剣をふるった四人の人斬りは、どんな最期を迎えたか

▼思想なき暗殺者たち

天皇の権威を絶対視し、日本の国土から西洋列強を追い払おうとする政治思想――すなわち「尊王攘夷」の嵐が吹き荒れた幕末の京都で、人々から「人斬り」と恐れられた暗殺者たちがいた。彼らが襲撃対象としたのは主に尊攘派とは対極にある佐幕開国派――つまり幕府の方針に従って開国を進めようとする人たちだった。

そんな暗殺者たちの中で特に有名なのが、「幕末の四大刺客」と呼ばれた田中新兵衛、岡田以蔵、河上彦斎、中村半次郎の四人である。この四人に共通するのは、人を斬る剣の技量が抜群であったという以外に、いずれも幼少期、身分が低く極貧のなかで育ったということだ。したがって、最も得意とする剣の腕前によって貧困の軛を脱し、自分を蔑んだ者どもを見返してやりたいという、その一念で殺人剣をふ

るったのだった。

おそらく彼らの行動原理は、神州日本の国土を夷狄（外国人）の足で汚されてなるものかという単純な国粋主義に基づくものであって、そこには理路整然とした政治理念や信条と呼べるものは持ち合わせていなかったはずだ。いわば思想なき暗殺者たちであった。

四人のなかで、最も有名なのが薩摩（鹿児島県）の中村半次郎であろう。「人斬り半次郎」の異名をとり、自分を引き立ててくれた西郷隆盛とは常に行動を共にした。明治維新を迎えると名を桐野利秋と変え陸軍少将にまで出世するが、西郷が征韓論で敗れると西郷に随って薩摩に帰国。その後、西南戦争で西郷と共に戦死した。

しかし、この中村半次郎以外の三人は、一体どんな晩年を迎えたのか、あまり知られていない。開国派の兵学者・思想家としても名高い佐久間象山を暗殺した河上彦斎を中心に据え、三人の人斬りたちのその後を追った。

▼右手一本で逆袈裟斬り

河上彦斎は、肥後（熊本県）藩でも最下級の小森家で誕生したが、幼くして同藩の河上源兵衛という者の養子となる。嘉永二年（一八四九）、十六歳のときにお掃除坊主として召し出され、藩主細川邸の掃除を担当する。

二十歳の春、藩主の供をして江戸に出る。着いて間もなく、ペリーの黒船騒動があり、彦斎は沿岸警備を命じられた藩主に随行して横浜へ赴く。海上に浮かぶ黒光りする船体を前にし、彦斎は海岸に集まった人々同様、ただ茫然と眺めていたに違いない。

この事件に大いに触発された彦斎は、帰国するや、国粋主義者であった国学者・林桜園の門に入る。さらに、轟木武兵衛に儒学を、宮部鼎蔵に兵学を学んだ。このあたり、同じ人斬りでも、無学なほかの三刺客とは一線を画していた。彦斎は漢文をすらすら読んだり書いたりもできたという。

それはともかく、こうして彦斎は一廉の尊攘派として藩内でも認められるようになっていった。

安政五年（一八五八）三月、二十五歳になった彦斎は二度目の出府を果たす。このころ幕府は列強との条約問題や将軍継嗣問題などで大揺れしている時期で、参勤交代の期限が迫ってきても藩主の帰国はのびのびになった。彦斎は二年半も江戸に

■幕末の江戸にあった三大道場
（位は桃井、技は千葉、力は斎藤と評された）

道場名	流　派	初　代	主な門人
士学館	鏡心明智流（新）	桃井春蔵	上田馬之助、梶川義正、逸見宗助、武市半平太（瑞山）、岡田以蔵ら
玄武館	北辰一刀流	千葉周作	清河八郎、山岡鉄舟、藤堂平助、坂本竜馬（桶町千葉道場）ら
練兵館	神道無念流	斎藤弥九郎	桂小五郎、高杉晋作、伊藤博文、井上聞多、渡辺昇ら

滞在することになり、その間、必死に剣術を修業したという。

彦斎という人は、小柄で色白、一見すると女性のようだったが（男色癖があったとも）、我流で不思議な剣を身につけていた。道場では初心者同然の未熟な者にも、よく竹刀でポンポンと打たれたが、いざ真剣を抜くと全身から異様な凄みを放射し、どんな腕達者な相手でも一瞬たじろがせた。その隙をとらえて、地を這うような低い姿勢から相手の胴を右手一本で逆袈裟斬りに薙ぎ払うのが彼の得意業だった。まさに、一撃必殺の魔剣であった。

▼師匠の仇討ちで新選組を狙う

文久二年（一八六二）十月、肥後藩は朝廷の要請で禁裏守衛を受け持つこととなり、彦斎も選ばれて上京した。

京都にやって来ると、開国派を狙った「天誅」が横行し、田中新兵衛や岡田以蔵らが連日のように凶刃をふるっていた。彼ら暗殺者たちは、よく確かめもせず、「あいつは開国派だ」「誰それは幕府の密偵だ」という噂だけでも平気で相手を斬殺した。一人でも多く開国派をあの世へ送ることが日本のためになり自分の名声を高めることにもなると信じて疑わない単純で危険極まりない暗殺者たちだった。

翌文久三年八月十八日の政変「七卿落ち」では、京都を追放された七人の公卿と共に彦斎はいったん長州へ逃れる。しかし、元治元年（一八六四）六月五日の池田屋事件で師匠宮部鼎蔵が新選組によって殺されたことを知ると、彦斎はその仇討ちを胸に誓う。

こうして再び上京した彦斎は、復讐の機会をうかがって新選組隊士をつけ狙うが、そのうち佐久間象山の存在を知ることとなる。象山はこのとき、一橋慶喜（のちの江戸幕府最後の将軍）に公武合体論と開国論を説くために上洛していたのだった。尊攘派にとって象山は開国派の頭目のような存在だ。彦斎は、天が与えてくれた千載一遇の好機に感謝し、象山ほどの大立者を討てるのは自分しかいないと思い込んだのであろう、新選組を追い回すのをいったんやめ、象山をつけ狙い始める。

そして、池田屋事件から一カ月ほど過ぎた七月十一日夕刻、象山が三条木屋町にあった仮寓先に騎馬で戻るところを仲間数人と急襲し、殺害する。とどめの剣は彦斎がふるった。落馬した象山が、立ち上がろうとしたところを、彦斎得意の逆袈裟斬りによって腹を裂かれ、二の太刀で顔を斬られて絶命したという。

この日までに彦斎は一体何人の開国派を手にかけてきたのか判然としない。記録にあるのが、この象山の暗殺だけだからだ。

しかしこのとき、「最初に人を斬ったときにも感じなかった髪の毛が逆立つような恐怖」を覚え、以後、暗殺に手を染めることはけっしてなかったという。おそらく彦斎は、象山が持つ底知れぬ人間力に圧倒され、人を殺すことの恐ろしさにはじめて気づかされたのではないだろうか。

▼諸国をめぐり勤王を説く

大政奉還から鳥羽・伏見の戦いを経ると、幕府は一転、朝敵となった。そうなると肥後藩では手のひらを返すように勤王（天皇に忠義を尽くそうとする思想）派を藩の役人に取り立てるなどして優遇するようになる。彦斎にも諸国の藩をめぐって朝廷に靡かせるよう説得させる役目を担わせている。肥後藩としては時流に乗り遅れないよう少しでも朝廷に〝いい顔〟を見せておきたかったのだろう。

その後、遊説の旅から京都に戻ってみると、朝廷は攘夷から開国へと舵を切り、その方針転換に添うように明治新政府はいままさに文明開化路線の端緒を開こうとしていた。愕然とする彦斎。彼にとって神州日本はあくまで尊王攘夷でなければならなかった。

そこで彦斎は、三条実美や木戸孝允ら新政府の要人を訪ねては、政府の変節をなじり、翻意を迫った。なにしろ相手はほんの数年前まで人斬りと恐れられた危険人物だけに気味悪がり、そのうち誰も会ってくれなくなった。やがて彦斎は失意のうちに熊本に帰国する。

故郷熊本で彦斎は、すぐに同志と語らって新政府に反省を求める運動を起こそうとする。そんな矢先、彦斎は「政府を転覆させる陰謀を企てた」という罪状で突然捕縛され、身柄を東京へと送られる。東京では大した尋問を受けることもなく、すぐに斬首された。明治四年（一八七一）十二月四日のことである。

この彦斎に下された処罰の裏には木戸孝允の指示があったという。御一新を迎えてなお攘夷攘夷と騒ぐ頑迷固陋な彦斎のような輩は、木戸ら政府の要人にとってもはや目障りで危険な存在でしかなかったのである。

こうして生涯変節を嫌い、時代の流れを見ようともしなかった人斬り彦斎は、三十八年の生涯を閉じた。

▼田中新兵衛と岡田以蔵のその後

最後に、田中新兵衛と岡田以蔵の最期について触れておきたい。薩摩の田中新兵衛は船頭上がりだ。彼の名が人斬りとしていちやく名をはせるようになったのは、大老井伊直弼の走狗となって尊攘派の志士たちを大勢摘発した島田左近を殺害してからである。その後新兵衛は、尊敬する土佐勤王党の武市半平太（瑞山）に命じられるがままに、何人もの志士や奉行所の役人などを手にかけた。

ところが、姉小路公知暗殺の嫌疑により捕縛され、京都町奉行所で取り調べを受けている最中に、一言の弁明をすることもなく、脇差で自らの首を刎ねて亡くなった。文久三年（一八六三）五月二十六日、三十二歳だった。この姉小路卿の暗殺に関しては、新兵衛が本当に実行犯だったかは疑わしいという。

岡田以蔵も、同郷の武市半平太に命じられて数多の志士を殺害した。土佐藩主山内豊範に随って江戸に行ったこともあり、このとき坂本竜馬から依頼され、当時幕府の軍艦奉行であった勝海舟の護衛役を務めてもいる。

海舟は言うまでもなく開国派だ。そんな海舟のボディガードを引き受けるくらいだから、以蔵の政治信条もかなりあやしいものがあると言わざるを得ない。海舟は、以蔵が人斬りを楽しむ性癖の持ち主であることをすぐに看破し、即刻やめるよう忠告したという。

文久三年八月の公武合体派の政変で、尊攘派が京都を追われると、以蔵は拠り所を失ってしまう。その後の行動ははっきりしないが、衣食にも困窮し、商家に強盗に押し入ったところを幕吏に捕縛され、土佐無宿鉄蔵の名で京都町奉行所の獄につながれていたこともあったらしい。

その後、以蔵は放免されるが、すぐに今度は土佐藩の役人に捕まり、土佐へ護送される。以蔵は国許で牢に入れられ、一年間にわたって苛酷な拷問を受け続けた。最初こそ、なんとかそれに耐えたが、やがて辛抱たまらず、恥も外聞もなく泣き叫ぶ日々が続いたという。そのうち以蔵は、京都での犯行を洗いざらい自白。そのほとんどが武市半平太の命令によるもので、殺害したのは誰で、そのとき仲間に加わっていたのは誰と、すっかり供述した。これにより土佐勤王党は壊滅に追い込まれてしまった。

慶応元年（一八六五年）閏五月十一日、以蔵は斬首され、首は河原に晒された。享年二十八。同日、以蔵が師父とも慕った武市半平太が切腹して果てている。

“最後の仇討ち”を決行した臼井六郎の語られなかったその後

▼五十三年目にして敵を討った女性も

仇討ち（敵討ち）――江戸時代、武士階級で公認されていた慣習の一つで、基本的には子が親の仇を、あるいは家来が主人の仇を討つために行う復讐を指す。

歴史百科『日本史必携』（吉川弘文館刊）には、江戸時代を通じて、のべ約百十件の仇討ちが記録されている。仇討ちする者、される者の身分は大半が武士だが、それ以外の少数派は農民、能役者、婢、香具師、相撲取り、医者、大工、牛飼い……などバラエティに富む。

憎い敵を探し出し、見事に討ち取るまでの年数も、三～五年というのが多く、なかには二十九年、四十一年、五十三年かかったという例まである。ちなみに、その五十三年を要したのは、とませという名の山伏の娘が六歳のときに殺された母の敵

（農民源八郎）を討った事件だ。とませは仇討ちを決意してから実に五十三年目、五十九歳にして、現在の福島・相馬のあたりで源八郎を討ち取ることに成功する。ペリーが浦賀沖に現れた嘉永六年（一八五三）の七月十四日のことと記録されている。

こうした仇討ちは、運よく本懐を遂げることができれば、武士道や儒教思想が幅を利かせていた時代だけに、討った者は一躍英雄と祭り上げられた。武士であれば加増や昇進、褒美を頂戴することも多かったという。

しかし、こうした仇討ち礼賛の風潮も、江戸時代までで、明治の世を迎えると、たとえ親や主人の敵であっても、その相手を殺してしまえば、ただの殺人者として扱われ、法の下で厳しく処断された。

日本最後の仇討ち事件の当事者である臼井六郎も、そんな明治近代憲法のために英雄になり損ねた人物だ。愛する父母を惨殺した敵を苦節十三年目にしてようやく探し当て、見事討ち取ったまではよかったが、すぐに殺人犯として捕縛され、獄につながれることになった。

明治維新の大波に人生を翻弄された臼井六郎。そんな彼が保釈後、どんな足跡を残したのか、仇討ちの経緯とともに述べてみよう。

▼攘夷派の襲撃を受ける

臼井六郎は、筑前国（福岡県）秋月藩の高官・臼井亘理とキヨとの子で、安政四年（一八五七）の生まれという（安政五年説もあり）。六郎十一歳のとき、父母が何者かに暗殺されるという不幸な出来事が起こる。

事件の発端は、藩の兵制改革をめぐる新旧両派の対立が原因だった。開明派の亘理は幕府の崩壊を予見し、藩として朝廷側につくのが得策と考え、洋式調練を推進しようとした。ところが、頑迷固陋な攘夷派であった山本道之助ら干城隊にとってそのことが大いに不満だった。干城隊とは長州の奇兵隊を意識して結成された秋月藩の若手急進派の集団である。

大政奉還がなされた翌年の慶応四年（一八六八）五月二十三日未明、山本が干城隊の仲間四人を誘い、亘理の屋敷に斬り込んだ。凶刃は亘理にとどまらず、キヨや幼い娘にもふるわれた。結局、娘は助かったが、亘理は罪人さながらに首を切断され、抵抗したとみえるキヨは膾斬りにされてしまった。あとで駆け付けた役人たちも思わず目をそむけるほどの惨状だったという。

事件当夜、六郎は祖父の家に泊まっていて難を逃れている。すぐに六郎は祖父と相談し、臼井家として犯人の早期逮捕を藩庁へ願い出たが、藩では犯人は干城隊と知りながら、前向きに捜査することはなかった。それどころか、生前の亘理に専横の振る舞いがあったとして家禄を減らされる始末だった。これは干城隊が藩の上層部を半ば脅迫するようにそう仕向けたからだった。

▼怨敵は新政府で判事に出世

父母の凄惨な殺害現場の光景が頭にこびりついて離れない六郎は悔し涙にくれる日々を過ごしたが、やがて、山本の弟が藩校で学友に「おれの兄が伝家の名刀で亘理を斬った」と自慢していたことを伝え聞き、山本道之助への復讐を心に誓う。

その後、明治維新を迎え、世の中は目まぐるしく変わったが、六郎の胸に宿った復讐の炎は燃え盛る一方だった。そのうち、山本道之助が一家で東京へ移住したことを知ると、六郎も後を追うように、父の形見の短刀を懐に上京を果たす。親族に対しては学問や剣術の修行のためという口実だった。明治九年（一八七六）八月、六郎十九歳のときのことである。

上京後、六郎は現在の港区虎ノ門のあたりに住んでいた叔父（おじ）の家にしばらく寄宿した後、「幕末の三舟（さんしゅう）」の一人にも数えられた山岡鉄舟（やまおかてっしゅう）の剣術道場に居候（いそうろう）を決め込む。

六郎はここで剣術修行を続けながら、怨敵（おんてき）山本道之助の所在を探った。すると山本は一ノ瀬直久（いちのせなおひさ）と名を改め、おまけに判事にまで出世し、全国の裁判所を転々としていることがわかった。御一新の前は頑迷な攘夷派だった男がいつのまにか変節し、ちゃっかり新政府側の人間になっていたのである。

これは、山本一人を変節漢と責めるわけにはいかない。長州（山口県）の下級藩士で若いころは過激な攘夷論者であった伊藤博文（いとうひろぶみ）がその典型だが、この当時、伊藤や山本のような例はいくらもあった。すべては生きんがためであった。

▼父の敵、覚悟せよ！

やがて六郎は、山本――一ノ瀬が甲府の裁判所から東京上等裁判所に転じてきたことを知る。さっそく一ノ瀬をつけ狙い始めるが、なかなか好機はめぐってこない。

明治十三年（一八八〇）十二月十七日、二十三歳になった六郎はこの日も朝から裁判所の門前で一ノ瀬を待ち伏せたが、怨敵はなかなか出勤してこない。あきらめて帰ろうとしたとき、友人から聞いた、一ノ瀬が旧秋月藩主黒田長徳の邸宅へ碁を囲みに行くことがよくあるという話を思いだし、そこへ向かった。これが六郎にとって幸いした。

京橋にあった旧藩主邸に到着し、しばらくは家扶の鵜沢不見人と話し込んでいると、そこへ何も知らない一ノ瀬がやって来た。六郎は父母の無念を晴らすのはこのときと奮い立ち、「臼井亘理の子六郎、父の敵、覚悟せよ！」と叫ぶや、あわてて逃げようとした一ノ瀬の襟元をつかむと、懐から取り出した短刀で喉と胸を突き刺し、倒れ込んだところに止めの一撃を加えた。こうして一ノ瀬は絶命した。三十三歳だった。

仇討ちを志してから苦節十三年目にしてようやく本懐を遂げることがかなった六郎は、すぐに警察へ自首して出、取り調べを受けた。

この事件のニュースはたちまち世間の評判となった。新政府から仇討ち禁止令が出されてすでに七年が経っていたが、六郎への減刑を求める世論が澎湃として起こる。六郎を悲劇の英雄に仕立てた講談や芝居が上演されるほどだった。

こうした世論を反映したわけではなかろうが、翌年九月二十二日の判決で六郎は終身刑を言い渡される。当時の法律では謀殺に当たるため普通なら死罪だが、士族出身であったため閏刑（身分刑）が適用され減刑されたのだった。

▼鉄道客のための休憩所を開く

その後、六郎は小菅にある東京集治監（のちの東京拘置所）に収監されたが、獄中、師匠の山岡鉄舟から差し入れが何度もあったという。服役して十年後の明治二十三年（一八九〇）二月、大日本帝国憲法が公布されると、大赦令が出て、六郎は模範囚だったこともあり、釈放された。出獄すると「武士の誉れ」と祭り上げられ、各界の名士が開催する盛大な慰労会に何度となく招待されている。

こうして三十三歳にして晴れて無罪放免となった六郎は、親戚を頼って福岡・門司へ行き、結婚もし、そこで夫婦で饅頭屋を始めた。この門司での六郎はまさに名士扱いだったという。

その後、明治三十九年（一九〇六）になり、九州鉄道鳥栖駅（佐賀県）の拡張に合わせて鳥栖に引っ越し、駅前で乗客のための有料の休憩所——待合所を開く。その待合所は屋号を「八角亭（やすみてい）」と称した。仕出し屋も兼ねていたようで、店はなかなか繁盛したらしい。

六郎の晩年は落ちぶれて不幸だったという説もあるが、養子の男の子を久留米商業（現在の久留米市立久留米商業高校）に進学させていることを考えれば、その説は当てはまらないだろう。当時はそれなりの財力がなければ進学が難しかったからである。

大正六年（一九一七）十一月、六郎は六十歳で亡くなった。遺骨は両親が眠る故郷秋月の古心寺（こしんじ）に埋葬された。

六郎は赦免（しゃめん）され東京集治監を出獄する際、「できることなら、自分も一ノ瀬の家族に討たれたい」と語ったと言われている。もしかしたら六郎は、仇討ちの愚かしさを誰よりも知っていたのかもしれない。

二・二六事件に加わった兵士たちが辿った「いばらの道」

▼東京全市に戒厳令が布かれる

昭和史を語るとき、避けて通れない大事件がある。昭和十一年（一九三六）二月二十六日、帝国陸軍の皇道派青年将校たちが「昭和維新」を掲げ、所属部隊を動員して政府要人を次々に襲撃、あわせて東京の要所を占拠したクーデター未遂事件、すなわち二・二六事件である。

この事件で、将校たちが「国体破壊の元凶」と名指しした岡田啓介首相の殺害には失敗したものの、斎藤実内大臣、高橋是清大蔵大臣、渡辺錠太郎陸軍教育総監の三名を殺害、鈴木貫太郎侍従長には重傷を負わせた。さらに、首相官邸、陸軍省、警視庁、陸軍大臣官邸などを含む永田町一帯を総勢約千四百名で占拠し、自分たちに刺激されて皇道派の将軍が決起するのを待った。

翌二十七日未明、東京全市に戒厳令が公布された。昭和天皇は激怒し、「かくの如き凶暴の将校ら、その精神において何の恕すべきものありや」と語ったことが、当時侍従武官長だった本庄繁陸軍大将の『本庄日記』に記録されている。

▼一人残らず憲兵の取り調べを受ける

二十八日になり、青年将校らに対し占拠した場所からただちに撤退するよう天皇の勅令が出された。この時点で彼らは国家に楯突く逆賊——反乱軍となり、戒厳司令部は兵隊二万四千によって永田町を包囲した。こうなると青年将校らが期待した、彼らの決起に呼応しようとする将軍は現れるはずもなかった。ただただ彼らの読みが甘かったのだ。

二十九日朝、ラジオから反乱軍兵士に向かって「いまからでも遅くない。ただちに抵抗をやめて軍旗の下に復帰せよ」という有名な「兵に告ぐ」が流され、家族や上官・友人たちも必死の説得に当たった。結局、これが奏功し、その日の昼二時ごろまでに青年将校らは逮捕され、残りの兵は帰営した。

その後、反乱兵たちは軍法会議にかけられ、占拠中に自決した野中四郎大尉などを除く現役と元将校の二十三名のうち十五名は死刑、残りは無期と有期の禁固刑と決まる。また、反乱の首謀者とみなされた民間人の国家社会主義者・北一輝も逮捕された後、死刑を言い渡されている。

残るは反乱軍の大多数を占める下級兵士たちだが、彼らも投降後、一人残らず憲兵の取り調べを受けることになった。彼らの多くは第一師団の歩兵第一、第三連隊に所属する二年兵か初年兵で、当日の早暁にたたき起こされ、青年将校らに命じられるがままに行動しただけであって、将校らから何も聞かされていなかった。そもそも占拠中に将校らが口にしていた「昭和維新」という言葉も初めて耳にする者がほとんどだった。その意味では反乱兵として取り調べを受けるのはいかにもかわいそうだった。

一体、彼ら下級兵士たちはその後、どんな境遇を送ることになったのだろうか。二・二六事件が起こった原因を探りながらそのあたりを追いかけてみた。

▼派閥抗争に明け暮れる両派

昭和初期の帝国陸軍内部は、俗に「統制派」と「皇道派」と呼ばれる二大勢力が

反乱軍の大多数を占めたのは二年兵か初年兵だった

あった。統制派は永田鉄山や東條英機らが中心となり、軍内の規律統制を尊重し軍部と官僚主導の「高度国防国家」の建設を目指していた。一方の皇道派は国家改造のためには直接行動も辞さないという過激な勢力で、天皇親政の下での国家改造――昭和維新を目論んでいた。勢力の中心をなすのは荒木貞夫と真崎甚三郎の両陸軍大将だった。また、皇道派の理念の支柱となった人物こそ、北一輝であった。

クーデターの直前、この両派は派閥抗争に明け暮れていた。例えばこんなことがあった。皇道派の真崎が更迭されるという人事があり、これを統制派の永田鉄山の差し金だと思い込んだ皇道派の将校が永田を襲って殺害するという事件が起こる。この事件が皇道派の青年将校らを刺激し、決起を早めたと言われている。

しかし、荒木貞夫と真崎甚三郎の二人は、純粋な青年将校らの期待に応えられるだけの人物ではなかった。

そもそも彼ら二人には国家の将来に関して明確な展望があったわけではない。どうすれば軍内部から統制派を追い落とし、自分たちの派閥の発言力を強めることができるかに腐心する毎日で、そのために若い将校らを自派に取り込んでおいたほうが後々有利と打算的に考えたにすぎなかったと言われている。

　このことは真崎甚三郎の事件後の行動をみればよくわかる。真崎は今回のクーデターの黒幕とみられ、反乱幇助（ほうじょ）の容疑で軍法会議にかけられたのだが、取り調べの場では日ごろ若い将校を焚（た）き付けていたことはおくびにも出さず、事件との無関係を断固主張した。あげくには訊問に当たった法務官の前に土下座して「どうか、わたしを助けてください」と泣きついたという。この泣き落としが功を奏したか、罪に問われることはなかった。

　また、事件当日真崎は決起将校側の参謀格だった磯部浅一（いそべあさいち）から直接、今回の決起の目的を聞かされた際、のちに有名になる次のような言葉を吐いた。

「とうとうやったか。お前たちの心はヨオックわかっとる、ヨオックわかっとる。よろしきように取り計らうから」

　磯部は百万の味方を得た心地がしたに違いない。のちに自分たちがこの真崎から手痛い裏切りに遭うとは、このときの磯部は夢にも思っていなかったはずである。

　今回のクーデターはこうした陸軍内部の派閥争いによって起こったという一面があったことをおわかりいただけたところで、肝心の反乱に参加した下級兵士らのその後について述べてみよう。

▼全員白木の箱で帰還せよ

決起から四日目、彼らは帰順した。二年兵と初年兵だけでざっと千三百名いたという。この中に、のちに昭和の名人と称された落語家の柳家小さん（五代目）、本名・小林盛夫（こばやしもりお）二等兵の姿もあった。彼らはすぐに軟禁状態におかれ、憲兵の取り調べを受けることになった。内容は四日間の行動の詳細、思想背景などについてであった。その結果、少数の兵が軍法会議にかけられ、そのうちの一部が有罪となり（ただし執行猶予（ゆうよ）が付き、すぐに釈放）、残りの大多数は無罪放免となった。

しかし、それぞれの連隊に戻ってからの風当たりの強さは彼らの想像以上だった。クーデター参加兵士のほとんどは軍上層部の意向で満州の最前線へと送られることになるのだが、その際、上官からこう訓示されたという。

「お前たちはわが連隊の面目をつぶしたのだから、渡満（とまん）後は名誉挽回のために軍務に精励し、のち白骨となって帰還せよ」

早い話が、罪を償（つぐな）うために死んでお詫びをせよ、ということだった。

こうして、いざ渡満が決まると、その数週間前に外出が認められた。通常なら故

三　世紀の偉業を成し遂げた偉人たちの「それから」

天才絵師・葛飾北斎の「晩年」をめぐるもうひとつの物語

▼作者不明の絵を北斎作と断定

二〇一六年十月下旬、オランダから江戸時代の浮世絵師・葛飾北斎に関するニュースが飛び込んできた。同国のライデン国立民族学博物館が所蔵していた、江戸時代後期にドイツ人医師シーボルトが日本から持ち帰り、これまで作者不明とされていた絵画六点について、北斎の肉筆浮世絵であると断定したと同博物館の研究員が発表したのだ。

その六点の絵画は、雪が降り積もる増上寺や富士山を望む日本橋など江戸の情景が、遠近法を取り入れた西洋の画風で描写されているのが特徴。あまりにも従来の浮世絵とかけ離れていたため、シーボルトの子孫が所有していた目録と照らし合わせるまで北斎の作品であることがわからなかったという。

このニュースからもおわかりいただけるように、北斎という絵師は、いつまでも一つの画法にこだわるのではなく、新しい画法を取り入れることに対し異常なほど貪欲だった。

▼ヨーロッパの芸術界に多大な影響を

七十年にも及ぶ画業人生で森羅万象を描ききり、三万点もの作品を残したと言われる北斎。明治時代になり、彼の版画作品がヨーロッパに大量に移入され、ゴッホやゴーギャン、ルノワールなど当時の一流画家は言うに及ばず、ガラス工芸家のエミール・ガレ、「冨嶽三十六景　神奈川沖浪裏」に着想を得て交響詩「海」を作曲したとされるドビュッシーなど、ヨーロッパの芸術界に多大な影響を与えたのはご存じのとおり。

また、一九九九年にはアメリカの権威のある雑誌『ライフ』で、「この千年でもっとも偉大な業績を残した百人」として、北斎が日本人でただ一人選ばれているほどなのである。

そんな北斎は七十五歳のとき、絵手本『富嶽百景』（初編）を発表したのだが、その跋文（あとがき）には大要、こんなことを書いていた。

「自分は六歳のころから絵を描いてきた。七十歳以前に描いた絵はどれもとるに足らないもので、七十三歳にしてようやく動植物の骨格や出生を悟ることができた。こののち八十歳ではさらに成長し、九十歳で絵の奥義を極め、百歳ともなれば神妙の域に到達、百十歳になれば一点一画が生きているように描けるはずだ」

百歳を超えても絵師を続けたいと宣言するだけでもすごいのに、北斎は百歳を超えたその後も絵師としてまだ成長したいと、七十五歳の時点で考えていたのだ。画業にかけるこの執念には頭が下がるというより、むしろあきれるばかりだ。

しかし、実際の北斎は数え九十歳で亡くなっている。百歳を超えても描き続けたいと願った夢は果たせなかった。本項では、この「百歳宣言」をしてから九十歳で亡くなるまでの十五年間、すなわち北斎にとっての晩年期の仕事ぶりや暮らしぶりを追いかけてみた。

▼売りに行こうとした絵を破られる

葛飾北斎は宝暦十年（一七六〇）、江戸は本所割下水に下級武士の子として生まれた（異説あり）。幼名時太郎、のち鉄蔵と称した。幼いころに幕府御用鏡磨師の養子となり、十代半ばで木版画の彫師に弟子入りする。本格的に絵を勉強したのは十九歳で勝川春章の門下に入り、春朗を名乗ってからである。

二十八歳のとき、修行の身でありながら師匠から禁じられていた自作の絵を絵草子屋に売りに行こうとして、途中で兄弟子の春好にみつかり、持っていた絵を破かれてしまう。当時、北斎はすでに所帯を持っており、身重の妻の出産費用をこしらえようとしたのだった。

いったんは途方に暮れた北斎だったが、お金欲しさに絵を描いた己の志の低さを反省し、以後数年間は七味唐辛子や暦などを売り歩いて生計を立てながら絵の修行に専念した。後年北斎は、「あのとき春好に辱められたことが、今の自分の原点」と正直に吐露している。

その後の北斎は、役者絵をはじめとして、狩野派、中国画、土佐派、西洋画などの垣根を越えて様々な画法を身につけ、それを役者絵や美人画、風景画、黄表紙（絵入りの読本）など幅広い分野で発揮した。

年代によって画号をいくつも使い分けたのも北斎ならではで、最初の勝川春朗から年代順に並べると、宗理（そうり）、北斎、画狂人、戴斗（たいと）、為一（いいつ）、卍（まんじ）——などがよく知られている。ほかの画号も合わせると、生涯で三十以上の号を用いた。これらの号ごとに画風は変化したという。

なぜこれほど画号を変えたのか、はっきりしたことはわかっていない。弟子に号を売って収入の助けにしていたという説もあるが、それよりも名を変えることで別人に生まれ変わり、新たな画風を追求したいと願ったからではないだろうか。

なによりも、「不染居（ふせんきょ）」という画号を、間隔をあけて二度三度と用いたことでもわかるように、自分は誰の絵にも、自分の絵にさえも染まらず、つねに変化し続けたいと願う気持ちが北斎には強かったのであろう。

▼北斎の才能を受け継いだ娘お栄

北斎という人は六尺豊かな大男で、おまけに生涯を通じて大きな病気と縁がなかった。壮健な体に生まれついたことが、彼の画業にとっては大きな支えとなった。いつも焼酎をベースとした自己流の健康酒をちびちびとなめ、そのおかげか八十八歳のときには板元に「腕は萎（な）えず、眼もよく見える」と自慢するほどだった。

北斎は二度結婚し、二男四女があった。男子は養子にやり、女子はさっさと嫁に出した。持ち家はなく、生涯に九十三回も引っ越しを繰り返した。基本的に掃除はやらないので、部屋が汚れたら引っ越す、を繰り返した結果である。

家の中に鍋釜、食器類はほとんどなく、食事はほぼ毎日近所の煮売り屋から取り寄せたご飯ですませていた。酒も煙草(たばこ)もやらず、大福餅を食べるか、夜中、寝る前に食べる一杯のそばが何よりも楽しみだった。

お金にも驚くほど無頓着(むとんちゃく)で、板元からもらう画料を勘定したことがなく、煮売り屋が掛取りにやって来ると、板元が置いていった未開封の包みをそのままポンとほうり出すのがつねだった。

二度目の妻が亡くなって数年がたった天保(てんぽう)三年（一八三二）ごろから、北斎は出戻り娘のお栄(えい)と二人で暮らした。北斎七十三歳、お栄は三十代半ばと思われる。六人の子供たちの中ではお栄が最も北斎の血を色濃く受け継いでおり、北斎の代筆をしていたと言われるほど絵が達者で、おまけにものぐさなところまで似ていた。そのため、親娘(おやこ)でごみの山に埋もれながら朝から晩まで絵筆を握っていたという。

このお栄は「応為(おうい)」という画号を持っていた。北斎がいつも名前を呼ばず、「おーい」と呼んだことから、付いたものだ。性格は男勝り、容貌は馬面で顎が張っており、お世辞にも十人並みとは言えなかった。いったんは絵師をしていた男に嫁ぐが、夫の絵の不出来さをあからさまに指摘して、離縁されたのだった。

▼訴訟に負けて江戸を追放に

北斎はこの二度目の妻が亡くなったあたりから、家族に関することである心配ごとができてしまう。それは、長女お美代がもうけた男児、北斎にとっては孫の存在だった。

北斎はこの孫を幼少期にはとてもかわいがったが、孫は成長するにつれ、博打にうつつを抜かすなど手におえない放蕩者となる。博打の借金で首が回らなくなると、そのつど北斎は尻拭いをしてやり、定職につかせようと骨を折ってもみるが、糠に釘で一向に不行跡は改まらなかった。北斎が年中お金に困る生活をしていたのは、この孫のせいだったとも言われている。

天保五年、つまり七十五歳になった北斎が『富嶽百景』の中で「百歳宣言」をした年だが、この孫の不始末が原因で北斎は町奉行所に訴えられ、敗訴してしまう。

結果、江戸払いを命じられ、一時的に相模の三浦半島に閑居するはめに陥る。

やがて赦され、江戸に戻るが、北斎の制作意欲は一向に衰えていなかった。天保十年（一八三九）、八十歳のときには類焼にあい、それまで描きためていた大八車一杯分もの画稿を焼失するという悲劇に見舞われる。さすがにこのときは気落ちしたが、それでもあきらめず、転居先では徳利を割り、それを絵皿にしてさっそく筆をとったという。

天保十三～十五年にかけては、かねてより北斎の絵に惚れ込んでいた信濃国（長野県）小布施村の豪商で儒学者、自らも絵筆を握った高井鴻山に招待され、専用に建ててもらった工房で制作活動にいそしんだ。

▼真正の画工を目指して

嘉永元年（一八四八）、浅草聖天町の小さな借家に引っ越す。北斎はすでに八十九歳になっていたが、精力的に制作を続け、翌二年には「雪中虎図」「雨中虎図」「富士越龍図」などの肉筆画の傑作をものにしている。

この「富士越龍図」が北斎の絶筆とされており、富士山の向こうに龍が天に向かって飛翔する光景を描いた一枚だ。自らの死を悟って描いたものだと言われている。

このころにひいた風邪が悪化し、北斎は床についてしまう。北斎は死の淵をさまよいながらも、

「天があと十年、いや五年の命をくれれば、真正の画工になれたものを……」

そう何度もつぶやいたという。

こうしてお栄の懸命の看病もむなしく、その年の四月十八日、北斎は九十歳で没した。この臨終の様子から北斎は自分のことを最後まで未熟な絵師だと思っていたことがわかる。この飽くなき向上心の源泉は一体どこからくるのだろうか。

北斎の最期を看取った娘お栄のその後だが、数年後に絵筆を携えてふらりと旅に出、そのまま消息は途絶えてしまった。一説には北陸の金沢で亡くなったという。

江戸の寿司ブームを牽引した華屋與兵衛が歴史の〝舞台〟から降りた後

▼江戸に寿司ブームを起こす

にぎり寿司は江戸時代末期、当時の江戸の盛り場・両国で誕生した。そのころはいわゆる「ご当地グルメ」の一つにすぎなかったが、それから二百年近くたった今日、てんぷらやうなぎ料理などと並んで日本を代表する食べ物と言われるまで発展を遂げている。海外でも寿司ブームは広がりを見せており、日本にある、短期間で寿司の技術を修得できるスクールには海外からの受講希望者がひっきりなしに訪れるという。

そんな今や「日本の寿司」の代表格であるにぎり寿司を創案した人物とは誰なのかご存じだろうか。諸説あるが、一般的には江戸の文政期（一八一八～一八三〇）に華屋（小泉）與兵衛が始めたものだと言われている。

当時のそれまでの寿司は、大坂風の押し寿司（箱寿司）が主流で、どうしても仕込んでから客に提供するまで数時間かかった。その点、與兵衛が創案したにぎり寿司は、あらかじめ煮たり醤油や酢で漬けたりしたタネを用意し、注文に応じて酢飯にのせてさっとにぎるだけでよかったので、これが気の短い江戸っ子に受けた。今日でいうファストフードである。

こうして一人のちょっとした発想によって生み出されたにぎり寿司は別名早寿司とも呼ばれ、またたく間に江戸の町々に広がった。幕末期のデータでは平均すると寿司屋は一町内に二つはあり、そば屋の数を上回るほどだった。

そんなにぎり寿司の創案者、華屋與兵衛とはいかなる人物だったのだろうか。残された少ない史料から見えてくる足跡と、にぎり寿司を世に広めたのち、彼がどうなったか以下で述べていくことにしよう。

▼タネには必ず味付けを

華屋與兵衛は寛政（かんせい）十一年（一七九九）、霊岸島（れいがんじま）（東京都中央区にあった旧町名）で福井藩出入りの八百屋の子として生まれたという。幼くして両親を流行病（はやりやまい）で相次いで亡くしたため、十歳になる前に蔵前の札差（米の受け取りを代行する職業）に奉公に上がっている。そこで二十歳ごろまで勤めるが、手代に昇進すると、仕事が華やかなだけについつい悪い遊びを覚え、無一文で店を飛び出るはめに陥ってしまう。

その後の與兵衛は、道具屋や菓子屋を始めてみたが、いずれもうまくいかなかった。そのうち、自分で創案したにぎり寿司を桶に入れて町々を売り歩く商売を始める。與兵衛がいつ、何をきっかけににぎり寿司を思いついたのかはわかっていない。

おそらく與兵衛は、当時の江戸の下町には各種の職人がたくさん住んでいたため、気の短い彼らが仕事場や銭湯からの帰りにさっと食べるのに、悠長な箱寿司は好まれないと直感したのであろう。

毎日、夜遅くまで働いたこともあって、この振り売りは当たった。やがて屋台を出すようになり、その後、文政七年（一八二四）には念願だった店を両国の回向院前に開く。数え二十六歳のときである。店の屋号は「華屋」だったが、一般には與兵衛寿司と呼ばれた。

店ではどんな寿司を出していたかというと、タネには江戸湾（いわゆる江戸前）で獲れた小肌、鯛、鯵、細魚、鱚、鯖、鮑、赤貝、烏賊、蛸、白魚、穴子、車海老などの魚介が使われた。これらを塩ゆでしたり、酒と醤油で煮たり、酢じめにしたり、炙ってから塩を振ったりと必ず味付けを施してから酢飯と合わせた。すりおろした山葵を使い始めたのも與兵衛が嚆矢とされる。

今日では寿司といえば鮪だが、與兵衛が店を開いた文政年間にはまだ庶民の間で食べられておらず、鮪が寿司ダネとして広まるのは次の天保年間（一八三一～一八四五）まで待たねばならない。また、酢飯には値段が安い赤酢が使われたため、飯がほんのり茶色をしているのが特徴だった。一個の大きさも現代のものと比べずっと大きく、おにぎりくらいあったという。

▼遠山の金さんに摘発される

このように、あらかじめタネに火を通したり酢でしめたりしたのは、言うまでもなく当時は魚介を冷蔵・冷凍保存する技術がなかったからだ。したがって、タネに味がついていたため、いちいち醤油をつけて食べる必要がなかった。寿司を小皿の醤油につけて食べるようになったのは、氷式や電気式の冷蔵庫が出回るようになり、生鮮魚介を扱う環境が整い始めた明治時代も後期になってからである。

與兵衛寿司の成功で江戸の町々には同様の寿司屋が乱立した。それに伴い、にぎり寿司はあっという間に江戸っ子の食べ物として認知され、格式のある料亭でもにぎり寿司を出すようになった。また、山っ気がある一部の寿司職人のなかには、高級料亭と見紛うばかりの豪奢な店を開き、相場の何倍もの値段で売る者まで現れた。

やがて、こうした江戸の寿司ブームに水を差す人物が現れる。「天保の改革」で名高い老中水野越前守忠邦である。水野は幕府の財政を立て直すため庶民にぜいたくを禁止し、禁を犯した者を町奉行の遠山景元（あの桜吹雪の金さん）にどんどん摘発させた。当然、にぎり寿司もそのやり玉にあがった。

江戸末期の市井事情を克明にルポした名著として知られる『守貞謾稿』には、この寿司屋の一斉摘発について「貴価の鮨を売る者二百余人を捕て手鎖にす」と短く記されている。つまり、不当に高く寿司を売った者二百人余りを捕縛し、手鎖の刑に処したというのである。

屋台では一個四～八文（現代の貨幣価値で一文は大体二十五円）で売られていた寿司が、高級店では五十～六十文、なかには二百文以上で売る店もあったという。この摘発された寿司屋の中に與兵衛もいた。天保十三年（一八四二）四月のことである。

手鎖の刑は、前に組んだ両手に瓢箪形の手錠をかけ、一定期間自宅で謹慎させる刑罰で、主に牢に収容するほどではない軽微な犯罪や未決囚に対して行われた。與兵衛以前に戯作者の山東京伝や絵師の喜多川歌麿もこの刑罰を受けている。

ところが、翌天保十四年閏九月、水野忠邦が改革の失敗の責任を問われ罷免されると、江戸の寿司屋は息を吹き返した。與兵衛寿司も江戸で指折りの名店としてその後も発展を続けた。とりわけ、芝海老の「そぼろ」を使った巻物や玉子焼きが評判を呼び、これを目当てに遠方から訪れる食通も多かったという。

安政五年（一八五八）、江戸に一大寿司ブームを巻き起こした立役者が亡くなった。享年六十。與兵衛が起こした店はその後、維新期を乗り切り、明治、大正と存続したが、関東大震災（大正十二年）が痛手となり、昭和五年（一九三〇）に廃業した。

『八犬伝』を執筆した曲亭馬琴が歩んだ〝鬼才の一生〟

▼原稿料で暮らす職業作家の嚆矢の一人

江戸時代後期の読本作家、曲亭（滝沢）馬琴の代表作といえば、やはり『南総里見八犬伝』（通称『八犬伝』）であろう。中国の『水滸伝』に着想を得たとされ、仁・義・礼・智・忠・信・孝・悌の玉を持つ八犬士（剣士）が里見家再興に活躍する、全編勧善懲悪に貫かれた長編伝奇小説である。今日でも芝居や映画、ゲームの世界などに影響を与え続けている稀有な小説でもある。

馬琴が生きた時代は読本作家が綺羅星の如く登場した時代で、十返舎一九や山東京伝、式亭三馬などが活躍し、大いに洛陽の紙価を高からしめた。日本では彼らが原稿料だけで生活を維持した、すなわち最初の職業作家だと言われている。それまでは原稿料という定まった報酬がなく、書き上がっても煙草銭程度や一杯飲まされてチャラにされるのが関の山で、むろん印税という概念もなかった。その本がどんなに売れても、作家の懐（ふところ）には一文も入らないのが普通だった。

そんなわが国における職業作家の嚆矢（こうし）の一人となった馬琴は、『八犬伝』を書き始めたのが、四十八歳のときだった。当時とすれば人生の終盤期である。当初、馬琴はこれを長編にする考えはなかったが、あまりにも世間の評判がよく、結局約三十年間にわたって書き続け、作品は九十八巻百六冊にも及んだ。

本項では、そんな馬琴の『八犬伝』を執筆するようになってからの暮らしぶりにスポットを当てた。馬琴にここまで『八犬伝』の執筆を続けさせたエネルギーとは一体どこからきていたのだろうか。

▼生活のため三つ上の未亡人に婿入り

曲亭馬琴は明和（めいわ）四年（一七六七）六月九日、江戸は深川で下級武士、滝沢家の五男倉蔵（くらぞう）として生まれた。幼いころから絵草子（えぞうし）などを読むのが好きな子供で、すでに七歳のころには俳句にも親しむようになった。馬琴の名はこの少年時代に俳号として使い始めたものという。

若いころは武家奉公を転々としたが、尊大な性格が災いとなり、どこも長続きしなかった。二十四歳になった寛政二年（一七九〇）、山東京伝に弟子入りする。その二年後、板元蔦屋重三郎から才能を見込まれ、住み込みで手代として働きながら作家の勉強を続けることになった。

翌寛政五年、黄表紙（絵入りの読み物）『御茶漬十二因縁』を初めて曲亭馬琴の名前で発表する。この年、馬琴は京伝や蔦屋に勧められて、飯田町の荒物屋（雑貨屋）会田家に婿入りしている。相手の女性は百という名の未亡人で、馬琴より三つ上の三十歳。お百は不細工で癇癪持ちと評判だったが、馬琴はこれも作家を続けていくための方便と、しぶしぶ縁談を引き受けたのだった。

二年後、お百の母が亡くなった。馬琴はこれ幸いと荒物屋を畳み、近所の子供相手に手習いの師匠として生計を立てるようになる。そして文化元年（一八〇四）、三十八歳のときに馬琴名義の本格的読本としては初のベストセラーとなる『月氷奇縁』を発表する。

この作品は、馬琴が生まれついて持っている正義感や伝記幻想趣味、さらに中国文学や和漢故事などの該博な知識がないまぜとなり、それまで単調な内容が多かった読本の世界に一石を投じるものだった。

その後、文化四年から刊行が開始された『椿説弓張月』、同五年の『三七全伝南柯夢』によって読本作家としての地位を不動のものとする。この二作は当時人気浮世絵師の葛飾北斎が挿絵を担当した。北斎ならではのケレン味たっぷりの絵が添えられたことで物語を何倍にも面白くしていたのだった。

▼家族六人の生活が両肩にのしかかる

『八犬伝』の刊行が始まったのは文化十一年（一八一四）のことで、以来、足かけ二十九年の長きにわたって十九回の刊行を重ねた。完結したのは天保十三年（一八四二）のことである。

『八犬伝』によって馬琴の名声はいよいよ高まったが、その間、馬琴は様々な困難にぶつかってきた。その最大のものが、眼病である。

最初に眼に異常を感じたのは天保四年（一八三三）の六十七歳のときだった。その年の夏に突然右眼がほとんど見えなくなり、年が明けると左眼もかすみはじめた。

さらに不幸は続き、天保六年には同居していた長男で医師の宗伯が、三十八歳で亡くなった。宗伯は医師とはいえ生来の病弱だった。病状が安定していたころにもらった妻路（みち）と一男二女（長男太郎（たろう）、長女次（つぎ）、次女幸（さち））を残しての早すぎる死去だった。

こうして六十九歳の馬琴の両肩には自分を含め、女房のお百、三十二歳で夫に先立たれた嫁のお路、宗伯の忘れ形見の子供たちという合計六人の家族の生活がずっしりとのしかかったのである。

自分が作家の仕事を続けられるのであれば何の心配もなかったが、いかんせん作家には致命傷とも言うべき失明に近い状態に陥（おちい）っていただけに馬琴は大いに悩んだ。そのあげく、ある妙案を思い付く。

八歳になる孫の太郎を武士にしようとしたのだ。この当時、旗本株や御家人株が堂々と売りに出されており、お金さえ積めば町人でも武士の身分になることができた。武士になれば定収入があり、最低限の生活は保障されると馬琴は考えたのだ。

馬琴は武家の株を買うお金を捻出するため、古希（こき）祝いと称して書画会を開いたり、膨大（ぼうだい）な蔵書を売り払ったり、あげくには住んでいる神田明神下の家屋敷を売ったりしてどうにか百数十両のお金を工面し、御家人株を入手する。

馬琴はほっとひと安心したのもつかの間、やがて両眼とも完全に光を失ってしまう。普通なら高齢ということもあり、そこで作家生活から足を洗ってよさそうなものだが、馬琴は違った。『八犬伝』が完結していないことがよほど悔しかったのだろう、なんと目に一丁字（いっていじ）もないお路に文字を覚えさせ、口述筆記（こうじゅつひっき）を始めたのである。

▼女房の焼き餅に悩まされる馬琴

お路による代筆が本格的に始まったのは天保十二年（一八四一）の正月からで、馬琴は七十五歳になっていた。その数カ月前から、昼となく夜となく、舅（しゅうと）と嫁が二人だけで一室にこもって仕事をするものだから、八十歳近くになるお百が嫁に嫉妬（しっと）し、家の中は波風が絶えなくなった。興奮したお百は「嫁をとるならわたしが家を出ます」とか「井戸に飛び込んで死にます」と騒いで馬琴を困らせたという。

お路にすれば、なんという家に嫁（とつ）いでしまったのだろうと後悔の日々だったに違いない。生前の夫は病弱で看病に手がかかり、おまけに母親に似て癇性でもあった。そんな夫が子供を残してさっさと自分だけ先立ったと思ったら、残ったのは何かにつけて口うるさい姑（しゅうとめ）と、気難し屋で吝嗇（けち）、家計を自分で握らなければ気がすまない盲（めしい）の舅だった。

三人の子供たちに加え、そんな老夫婦の面倒をみるだけでも毎日大変なのに、慣れない口述筆記をやらされ、あげくには姑に焼き餅まで焼かれたのではたまったものではなかった。

しかし、お路は馬琴夫婦を見捨てて家を出るような薄情な女ではなかった。そもそもお路は芯の強い女性で、一度引き受けた仕事を途中で投げ出したくはなかったのだ。口述筆記を始めてすぐお百が死んだこともお路には幸いしたようである。

▼『八犬伝』が完結しても執筆を続ける

こうしてお路が口述筆記を初めて二年目に大著『八犬伝』は完結をみた。『八犬伝』におけるお路の代筆部分はおおよそ二万字にも達するという。これは四百字詰めの原稿用紙で五十枚分である。

その後の馬琴だが、『八犬伝』の完結で筆をおくかと思いきや、お路という「新たな筆」を得たことで、そのまま著述生活を続け、『新局玉石童子訓』『女郎花五色石台』『新編金瓶梅』などを発表、死ぬまで執筆を止めなかった。

その多くは未完に終わっているが、著作にかけるこの馬琴のエネルギーは凄まじい。家族を養わなければいけないという現実的な使命感にとらわれていたことは事実だろうが、それ以上に、馬琴は書くことがどうしようもなく好きだったのだ。

馬琴は読本や黄表紙、随筆のほかに生涯にわたって私的な日記を書き続けており、一部は関東大震災で焼失したが、今日、中年期以降のものが残されている。それは、四百字詰め原稿用紙で五千枚にものぼる量だ。失明してからはお路が代筆したという。

読本であろうと日記であろうと、きっと馬琴にとって文字を書くことは、息をするのと同じだったに違いない。そうとでも思わなければ、盲の老体に鞭打って死ぬまで執筆を続けた理由がわからない。

嘉永元年（一八四八）十月十二日、病気がちな孫の太郎の体を気づかう馬琴は、突如激しい喘息に襲われる。そのまま病床につき、日に日に体力は奪われていった。そして、十一月六日早朝、ついに帰らぬ人となった。享年八十二。

その馬琴の後を追うように、滝沢家の将来を託された太郎も翌二年十月九日に没した。まだ二十二歳だった。さらに、その翌年にはお路も亡くなった。滝沢家は長女お次が養女に出ていたため次女の幸が継いで後世に伝えた。

数奇な運命を乗り越え、シーボルトの娘が女医・楠本イネになるまで

▼シーボルト事件が運命を変えた

〝オランダおいね〟こと楠本（くすもと）イネは、西洋医学を学んだ女医としては日本人第一号だ。父親は、改めて言うまでもなく、あのドイツ人医師フィリップ・フランツ・フォン・シーボルトである。

ドイツで医学の名門の家に生まれたシーボルトが、日本に来日したのは江戸後期の文政（ぶんせい）六年（一八二三）七月のことである。その身分は、オランダ東インド会社の日本駐在員、つまり長崎・出島のオランダ商館付医師というものであった。

そこでシーボルトは楠本滝（たき）と知り合い、文政十年五月六日、滝との間に一人の娘をもうける。それがイネである。イネは両親の寵愛（ちょうあい）を受け、すくすくと育つが、文政十一年のいわゆるシーボルト事件によって、翌年九月、シーボルトは江戸幕府か

ら国外退去を命じられてしまう。イネがまだ二歳のときのことだった。

その後、イネはどんな人生を過ごしたのであろうか。後年、産科医になったことはよく知られているが、そこに至るまでの経緯や産科医としての活躍、さらに晩年をどう過ごしたのかなどについてはあまり知られていない。

本項では、そんなオランダおいねにまつわる様々な謎を以下で解いていくことにしよう。

▼かわいい盛りの娘と生き別れ

イネの母滝は当時、長崎を代表する花街（かがい）丸山の遊女だったと言われている。あるいはまた、シーボルトの患者だったのが見初（みそ）められ、遊女と偽（いつわ）って出島に出入りしたという説もある。当時は出島への出入りが厳しく制限されており、唯一遊女だけが出入りできたからである。

いずれにしろ、滝がシーボルトの愛を受け容れたのは数えで十六、シーボルトより十一年下だった。滝は美人で、よく気がきく女性だったという。

一方のシーボルトは好奇心の塊（かたまり）のような青年だった。代々の医家に生まれながら、小さいころから博物学や植物学に強い関心を持っており、今回の来日の主たる目的は、そうした自らの好奇心を満足させるためのものだった。

シーボルトは、出島内において医院を開業した後、来日した翌年（文政七年）には出島外に「鳴滝塾」を開設し、日本の若者に西洋医学（蘭学）を教えている。塾生には、のちに医者や学者として活躍することになる高野長英、二宮敬作、伊東玄朴、小関三英、伊藤圭介ら俊英が全国各地から集まった。

文政九年（一八二六）四月、シーボルトはオランダ商館長（カピタン）の江戸参府に随行、道中を利用して日本の自然や地理、植生などを精力的に調査している。江戸に入ると、ときの十一代将軍徳川家斉に謁見した後、天文学者の高橋景保や蝦夷地を探検した最上徳内ら当代一流の学者と交友を結んでいる。

文政十一年、シーボルトは五年という長期滞在を終え、いったん日本を離れることにする。数年後には日本に舞い戻る予定だったという。ところが、日本地図など幕府が禁じている品々を国外へ持ち出そうとしたことが露顕し、幕府の取り調べを受ける。

シーボルトは「純粋に自分の学問のための蒐集である」と弁明したが、幕府の役人から聞き入れてもらえず、結局は国外追放と再入国の禁止を言い渡される。こうしてシーボルトは、愛する滝と、かわいい盛りの娘イネとの生き別れを余儀なくされたのであった。

▼望まない師匠の子を宿す

シーボルトは離日の際、母娘（おやこ）が当分は楽に暮らしていけるだけのお金を滝に預けていったという。しかし、美人と評判の滝を世間がほうっておかなかった。シーボルトと別れて二年後、滝は廻漕（かいそう）業（船を利用した運送業）をしていた俵屋時次郎（たわらやときじろう）という男と再婚する。

その後、イネがどんな少女期を過ごしたかを伝える史料はほとんどみつかっていない。しかし、西洋人との間に生まれたイネは、あきらかにほかの日本の少女と顔立ちが違っていた。当時はこうしたことに偏見が激しかっただけに、いわれのない差別やいじめに遭いながら日々を過ごしたであろうことは想像に難くない。

そんなイネは、書物を読むのが大好きな少女だったということだけはわかっている。おそらく、自分は普通の日本女性のような結婚生活は無理とあきらめ、手に職をつけるため医者になろうと早くから決めていたのだろう。医者の道を選んだのは異国にいる父への追慕の念がそうさせたに違いない。

弘化二年（一八四五）二月、十九歳になったイネは、かつてシーボルトの門下生の一人だった備前国（岡山県）の医師石井宗謙を訪ね、産科の修業を始める。

それが六年目を迎えたある日、イネの身に不幸が襲いかかった。師匠である宗謙に強姦され、処女の身を穢されてしまったのだ。これ以後、イネは宗謙のことを蛇蝎の如く嫌い、二度と身を任せるようなことはしなかった。ところが、このときのたった一回の交わりで、イネは妊娠してしまう。そして生まれたのが、娘タダ（のちタカに改名）である。

イネは娘を分娩した際、産婆の手をかりず、自分で赤ん坊のへその緒を切ったという。出産後は娘を抱いて長崎へと帰るのだが、このとき見送りに来た宗謙に対し、イネはさんざんに罵倒して追い払っている。

▼約三十年ぶりに父と涙の再会

こうした妊娠から出産までの顚末は、のちに成長したタカが直接イネから聞かされたものだが、親とすれば秘密にしておきたいはずのことをわが子にさらけ出すというのは、どういう心境なのだろうか。それだけ、宗謙のことを嫌っていたという証拠だろうが、それにしても、イネとタカの二人はありふれた母娘関係でなかったことだけは確かなようである。

安政元年（一八五四）、伊予国（愛媛県）宇和島から、シーボルト門下生の医師二宮敬作が長崎にやって来た。二宮はイネの口から宗謙との一件を聞くと同情し、自分の手元にイネを引き取ると申し出てくれた。こうして宇和島でイネの修業が再開された。このとき、たまたま宇和島藩から招かれていた村田蔵六（のちの大村益次郎＝陸軍の創立者）からオランダ語を習ったりしている。

安政六年（一八五九）七月、その四年前に「日蘭和親条約」が締結され、これによって再入国禁止令を解除されたシーボルトが、再び日本の土を踏んだ。実に二十九年ぶりの日本だった。

滝とイネの母娘は、感涙にむせび泣きながらシーボルトと再会を喜びあったという。このときイネは三十二歳。すでに長崎で産科医院を開業していたが、医師としてさらなる高みを目指し、シーボルトに欧州の最新の医療技術を学ぼうとした。ところがシーボルトはその申し出をやんわり断ったという。
シーボルトは日本を離れてからほとんど医者としての仕事をしていなかったからだ。そのかわり、オランダ海軍所属の優秀な軍医であったポンペのもとで学べるよう手配をしてくれたという。

▼福沢諭吉の口添えで宮内省に

文久二年（一八六二）四月、とつぜんシーボルトが日本を離れることになった。日本の新たな夜明け――明治維新を見ることはなく、都合三年弱の滞在だった。顧問として雇われていたオランダの貿易会社との間で何らかの揉め事があったせいで、離日が早まったのだという。

イネにすれば、一人の娘に戻って甘えたり、医者の大先輩としてもまだまだ教えてもらいたいことがあっただけに、大きなショックだった。このときシーボルトは、オランダから連れてきた息子アレキサンダー（イネにとっては異母弟）を日本に残していった。やはり、滝やイネの行く末が心配だったからだろう。

明治三年（一八七〇）二月、イネは東京に出て、築地で産科医院を開業する。資金はアレキサンダーとその弟ハインリヒが出してくれたという。その後、産科医としてすこぶる評判がよかったイネは福沢諭吉の口添えで宮内省御用掛となる。医者としてはこれ以上ない名誉だった。

明治八年（一八七五）、医術開業試験制度が始まった。医者になるには国の免許が必要になったのである。女性であったイネは受験資格がなかったため、潔く築地の医院を閉じ、故郷長崎に舞い戻る。明治十七年には医術開業試験の門戸は女性にも開かれたが、このときすでに五十七歳になっていたイネは、合格の望みは薄いと判断し、産婆に商売替えをはかる。

六十二歳になり、娘タカ一家と同居するため産婆を辞め、再度上京する。以来、医療に従事することは一切なかった。晩年のイネは、ハインリヒに建ててもらった麻布の洋館にタカ母子と住み、穏やかに暮らした。

タカは、イネが命じた助産婦になることを嫌い、琴の演奏家として名を成しており、イネの三味線とタカの琴の音の合奏が洋館の窓からよく流れてきたという。

明治三十六年（一九〇三）八月二十六日、西洋医学を学んだ日本初の女医として、大勢の妊婦と赤ちゃんの命を救った楠本イネは七十六歳で天寿を全うした。

自然科学の父・南方熊楠の米英遊学後の紆余曲折とは？

▼十九カ国の言語を自在に操る

南方熊楠（みなかたくまぐす）をご存じだろうか。一般的には植物学者、あるいは民俗学者として知られているが、ほかにも博物学者、細菌学者、生物学者、天文学者、人類学者、考古学者……などの肩書を付けられることもあった。文字通り「歩く百科事典」である。

幼時より天才的な記憶力を発揮した熊楠は、若くして渡米し、のち世界各地を放浪した末に英国にわたって大英博物館の職員に採用される。そこで、世界各地で発見、採集した地衣類（菌類と藻類の共生生物）や菌類に関する論文を、権威のある科学雑誌『ネイチャー』などに次々と寄稿し、わずか数年で世界中の研究者から一目置かれる存在となる。

興味がある事柄を一度書物で読んだり人から聞いたりすると、そのまま脳細胞に深く刻み込まれ、けっして忘れることがなかった。肩書がこれだけ多岐にわたるのは、枠にとらわれず、興味を持ったことをとことん追求した結果だった。語学にも堪能で、なんと英語、仏語、ドイツ語、スペイン語、オランダ語、イタリア語、ギリシャ語、ポルトガル語、ラテン語など十九カ国語の読み書きが自由にできた。そんな博覧強記(はくらんきょうき)の熊楠に対し、熊楠と親交があった民俗学の権威・柳田国男(やなぎたくにお)は、

「南方熊楠は日本人の可能性の極限だ」

と評したほどである。

そんな知の巨人・南方熊楠が、英国から日本に帰国したのは、三十三歳のときだった。以来、故郷和歌山の地をほとんど離れることなく、七十四歳で亡くなるまで「在野の学者」を通した。一体、熊楠にとって帰国してからの後半生とはどんなものだったのだろうか。

▼東京大学を落第して自主退学

南方熊楠は、翌年には明治と元号が変わる慶応(けいおう)三年四月十五日(一八六七年五月十八日)、和歌山市内で六人兄妹の次男として生まれた。実家は雑賀屋(さいかや)という屋号の

「歩く百科事典」と評された知の巨人・南方熊楠

裕福な金物屋だった。

幼児期は体が弱く、癇の強い子供だった。成長すると、読書と植物採集に明け暮れる日々を過ごした。九歳のときには近所の蔵書家に百科事典『和漢三才図会』を見せてもらい、感激した熊楠は次の日から毎日のように通って、読みふけった。

その日読んだ分を自宅に戻ってから、記憶を頼りに筆写し、五年の歳月をかけて全百五冊を図入りで写し終えてしまったという。同様に、『本草綱目』『大和本草』『日本紀』『諸国名所図会』『太平記』なども悉く諳んじて帰り、たちまち写本の山を築いてしまった。軍記物語『太平記』などは近所の古本屋に毎日通って、立ち読みだけで全五十冊を丸暗記してしまったというから、まさに、人間コピー機である。

熊楠は地元の中学に進んでも、学業には身を入れず、図書館に通って自然科学に関する書物を読みあさり、その合間に植物採集に熱中した。そのうち、イギリスの植物学者バークレイが六千種もの菌類を集めたというニュースを新聞紙上で知った熊楠は、バークレイの記録を塗り替えることを胸に誓う。

明治十七年、熊楠は十七歳で大学予備門（東京大学の前身）に合格。同期には夏目漱石、正岡子規、幸田露伴らがいた。しかし熊楠は大学でも学業そっちのけで、博物館や動物園、植物園に入り浸り、ときには寄席にも通った。

当然、大学の成績は下がり、翌年には落第を命じられる。熊楠は「ふん。僕を落第させるような学校は、こっちから願い下げだ」と潔く退学届けを出し、故郷和歌山に帰ってしまう。

そして、「やはり学問を身につけるなら日本より西洋」と父親を説得し、現在の貨幣価値で数千万円の大金を工面してもらうと、明治十九年（一八八六）十二月二十二日、横浜港から商船でサンフランシスコへと旅立った。

▼天文に関する論文がネイチャー誌に

年が明けて一八八七年一月七日、サンフランシスコに到着した熊楠はこの地の商科大学に入るが、講義内容のレベルの低さに失望し、在校半年で退校する。その後、大陸を東へ進んでシカゴに入り、続いてミシガン州に至った。そこで州立農業学校に入るが、やがて寄宿舎で泥酔して醜態をさらすという事件を起こし、放校処分に遭う。一八八八年十一月のことである。

それからの熊楠は学校に入ることなく、フロリダなどを回って植物採集を行ったり、博物館や図書館に足しげく通ったり、高名な植物学者を訪ねたりして独学で学問を深めていった。中南米を回ったときは日本から旅公演に来ていたサーカス団に加わり、像使いの手伝いをしながら巡業を共にしたという。

一八九二年九月、二十五歳になった熊楠はアメリカでの滞在に見切りをつけ、ニューヨークから船でイギリスへと渡る。当時のアメリカは経済大国として歩み始めたころで、熊楠が興味を持つ植物学や生物学などの地味な自然科学に目を向ける学者はまだ少なく、その点が熊楠には不満だった。そこで、自然科学の分野では世界に冠たるイギリスを目指したのだった。

ロンドンに到着した熊楠のもとに届いたのは、故国から父弥兵衛（やへえ）の死と家運が傾いたことを知らせる弟常楠（つねぐす）の手紙だった。熊楠は悲しみをこらえながら、初論文「極東の星座」を書き上げ、英国天文学会の懸賞論文に応募する。するとこれが第一位に入選し、『ネイチャー』に掲載された。

その後も南方が書き上げた「ミツバチとジガバチに関する東洋の見解」「拇印（ぼいん）考」などの論文が次々に『ネイチャー』に掲載された。科学者なら一生に一度は掲載されたいとあこがれる『ネイチャー』に、なんと都合五十一回も掲載されたのである。

▼英国人の職員を殴って追放

やがて熊楠の博識ぶりを聞きつけた大英博物館から引き合いがあり、東洋調査部員に採用され、東洋関係の美術品の整理と目録づくりを任される。このころ熊楠は、当時イギリスに亡命中だった〝中国革命の父〟孫文とも親交を結んでいる。

熊楠は本来の仕事の合間に、大英博物館が所蔵する植物学や生物学、考古学、人類学、宗教学など様々な蔵書を興味の赴くままに読みあさった。熊楠にとっては幸福な日々が続いたが、やがてその日々にも終わりが訪れる。

人種差別意識が強い英国人館員トムソンとけんかになり、館内でトムソンを殴打してしまったことから、熊楠は大英博物館を追放されてしまう。三十一歳のときだ。

その後は、翻訳の仕事をしたり、浮世絵のブローカーをしたりして生活費を稼ぎながら学問を続けたが、ついに困窮極まり八年間過ごしたイギリスを離れ、日本への帰国を決意する。このとき三十四歳。足かけ十五年の遊学だった。

一九〇〇年九月一日、熊楠はリバプール港から日本行きの船に乗った。余談だが、この一週間後の九月八日、大学時代の同期生・夏目漱石が日本の国費留学生第一号として、妻や友人らに見送られ横浜港からロンドン留学に旅立っている。

熊楠が乗った船は十月十五日に神戸港に着いた。船のタラップを降りてくる熊楠の格好を見て、迎えに来た弟の常楠は驚いた。十五年前、最新の洋装に身を包み、ステッキをついて意気揚々と日本を旅立った兄が、「蚊帳のごとき」襤褸服を着て、足にはどた靴、背中には標本類が詰まった大きな風呂敷包みを背負って帰ってきたのだ。まるで、夜逃げ同然の姿である。

その後、熊楠は常楠の金銭的援助を受けながら和歌山市内の円珠院に居住し、熊野での植物採集や米英で集めた標本の整理、執筆などに明け暮れる。帰国した翌年には孫文がわざわざ和歌山に来訪し、熊楠と再会して旧交を温めている。

▼政府の神社合祀令にかみつく

明治三十七年（一九〇四）、熊楠はそれまで住んでいた那智勝浦から田辺市に移住する。翌年、整理した粘菌標本を大英博物館に寄贈。これが同国の植物学雑誌に発表され、「ミナカタ」の名は世界的な粘菌学者として認知された。

三十九年、熊楠の一人暮らしを心配した周囲の人たちが、熊楠に嫁の世話をする。相手は神社宮司の娘松枝（まつえ）。新郎四十歳、新婦二十八歳。感激した熊楠は松枝の父宗造に対し、「誓って幸せにします」という意味の手紙、それも英語、フランス語、ドイツ語、ラテン語交じりの長文の手紙を送ったところ、宗造は読めなくて閉口したという逸話が伝わっている。ちなみに、熊楠はこの年まで童貞だったという。

その後、夫婦は結婚した翌年に長男熊弥（くまや）、その四年後に長女文枝（ふみえ）を授かった。こうして貧しくても二人の子供に恵まれ、幸福な日々を送っているかのようにみえた熊楠だったが、彼にはある心配ごとがあった。それは、結婚した年に布告された「神社合祀（ごうし）令」に関することだった。

明治政府は国家神道の権威を高めるためと称し、各集落にある神社を一町村一社にまとめようとしたのである。この合祀令によって和歌山では残存する神社は五分の一となり、三重などは七分の一にまで減ってしまった。しかも、境内の森の大木は容赦なく伐採され、木材として金に換えられた。

当然、森の生態系が破壊されてしまうため、熊楠は憤慨し、反対運動を展開する。新聞各紙に合祀令は日本文化の破壊であるという趣旨の意見を寄稿する一方、合祀派の役人がいるところには自ら出向いて撤回を要求した。

▼十年に及ぶ地道な運動が実を結ぶ

明治四十三年八月二十一日、この日、合祀派の県役人が田辺高校に来ていることを知った熊楠はいつものように直談判に出かけた。ところが、役人は会ってくれず、しかも係員の制止を振り切って講堂に侵入したことから、「家宅侵入罪」で逮捕され、十八日間も拘留（こうりゅう）されてしまう。

しかし、転んでもただでは起きないのが熊楠で、拘置所で珍しい粘菌を見つけ、釈放が近付くと「もう少しここに置いてくれ」と言って警察官を困らせたという。

こうした熊楠の反対運動に民俗学者の柳田国男が共鳴し、熊楠の抗議書を印刷して識者に配布するなど、活動を側面から支えた。また、大正四年（一九一五）にアメリカ農務省の役人がわざわざ和歌山まで熊楠をスカウトにやって来たことも、世論を動かすには十分だった。

特に、地元の田辺の人たちの驚きは一通りではなかった。夏場には褌（ふんどし）一丁で（熊楠は人一倍の汗っかきだったため）野山を植物採集に飛び回っている変わり者のおやじが、実は世界的な学者だったと新聞で知り、人々はしばらく開いた口がふさがらなかったという。

結局、このスカウト話は熊楠が断ってしまうが、このことが世間の耳目を熊楠の反対運動に集めるまたとない材料となり、大正九年（一九二〇）、ついに国会で「神社合祀無益」の決議が採択された。熊楠の約十年に及ぶ地道な運動がようやく実を結んだのである。

このときの運動によって熊楠はのちにわが国の自然保護運動の先駆者と言われるようになる。もしも熊楠がいなければ、熊野古道の古木もほとんど切り倒され、今日、様子が随分違っていたことだろう。世界遺産への登録も難しかったはずである。

▼陛下に生物学の御進講を

大正十四年（一九二五）三月、予期せぬ不幸が熊楠一家を襲った。中学を卒業し、高校受験を目前に控えた長男熊弥がとつぜん発狂したのである。熊弥は学業が優秀で、熊楠は「あわよくば自らの学問の後継者に」と常々考えていただけに、その落胆ぶりは相当なものだった。

熊弥はその後、精神病院に入ったり出たりを繰り返すようになる。家にいるときは大体において大人しいが、ときには奇声を上げて家の中を走り回り、熊楠が集めた大事な標本を投げつけたり書籍を引き裂いたりして暴れた。

熊楠は息子が発症してから大好きな酒を断ち、神仏に病気平癒を祈願したりしたが、好転することはなかった。熊弥は療養生活の果てに昭和三十五年、五十四歳で亡くなっている。

昭和四年（一九二九）、熊楠六十二歳のとき、人生において最も晴れがましい瞬間が訪れる。その年の六月一日、昭和天皇を田辺湾内の神島にお迎えし、生物学の御進講を行ったのである。このとき熊楠は、キャラメルの空箱に入れた粘菌標本百十点を陛下に献上している。

昭和十六年（一九四一）、真珠湾攻撃が行われた十二月八日から三週間が過ぎた二十九日早朝に熊楠は亡くなった。死に際に「熊弥、熊弥」と息子の名を二度口にしたという。

死後、熊楠宅の土蔵の二階から二万五千点以上にものぼる膨大な量の標本類や彩色図譜などが発見された。これらは今日、熊楠の居宅の隣に田辺市が建設した「南方熊楠顕彰館」で見ることができる。

日本の紙幣の父・キヨッソーネは引退後をいかに生きたか

▼絵を描くことにも才能を発揮

明治初期、西欧の科学知識や学問、諸制度を導入するため様々な分野の専門家が外国から日本に招聘（しょうへい）された。そうした外国人は日本の人々から「御雇（おやとい）外国人」と呼ばれた。

彼らは政府の各省から引く手あまたで、明治七〜八年のピーク時には五百人を超えていた。なかでも、一日も早く西欧に肩を並べたいと考えた明治新政府は、「富国（ふこく）強兵（きょうへい）」に直接かかわる文部省と工部省でより多くの外国人を雇用した。

これから紹介するエドアルド・キヨッソーネも、そんな御雇外国人の一人である。イタリア人のキヨッソーネは、大蔵省紙幣寮（しへいりょう）（国立印刷局の前身）の招きで日本にやって来た。当時欧州を代表するほどの技量を持つ紙幣や銅版画の凹版（おうはん）彫刻師であった彼は、紙幣印刷の技術を日本に伝えるために来日したのだった。

キヨッソーネは、日本初の肖像画入り紙幣「一円紙幣」(通称神功皇后札)を造ったのを皮切りに、日本の歴史上の偉人を題材にした様々な肖像画入り紙幣を世に送り出したことでも知られる。芸術的素養をあわせ持っていた彼は、そのほとんどすべての肖像画を自らの手で描いている。

キヨッソーネにとって絵を描くことは余技にすぎなかったが、その卓越した技量が見込まれ、当時の元勲、またはその関係者からこぞって肖像画を依頼された。ざっと名前をあげると、西郷隆盛、その実弟西郷従道、大久保利通、木戸孝允、岩倉具視、大村益次郎……など。明治天皇の肖像画も彼の作品だ。つまり、今日われわれが、教科書などで目にした明治維新を彩った偉人たちの肖像画はほとんどキヨッソーネの作品なのである。

それほどわれわれ日本人と縁が深いキヨッソーネだが、実際にどうやって紙幣を造っていたのかは今日あまり知られていない。そんな大蔵省紙幣寮での彼の仕事ぶりを中心に、退職後にどんな人生をすごしたのかも調べてみた。

実はキヨッソーネは大蔵省で足掛け十六年働いた後、故国イタリアに帰ることもなく、そのまま日本にとどまり、日本で没した。一体彼は、帰国を思いとどまらせるほどの魅力を日本のどこに感じていたのであろうか。

▼若者に凹版印刷技術を指導

キヨッソーネはイタリア北西部の港湾都市ジェノバの出身。家は代々製版・印刷業を営んでいた。二十二歳でジェノバの美術学校を卒業すると、優秀な生徒であったところから、イタリア国立銀行の依頼で紙幣の印刷技術修得のため、当時その方面の先進国であったドイツに派遣されている。

インド洋経由で未知の国・日本の横浜港に到着したのは明治八年（一八七五）一月十二日、満四十二歳のときだった。

当時の明治新政府はドイツに紙幣の製造を委託していたのだが、これがかなり高額で、財政を圧迫していた。そこで、どうしても自前で製造する必要に迫られたわけだが、その技術がなかった。この問題を解決するために招聘されたのが、欧州でも最新の紙幣印刷技術を身につけたキヨッソーネだった。

雇用契約の内容は、満三年間で、月給は四百五十四円七十一銭八厘と高額だった。この明治八年当時、巡査の初任給が四円と記録されている。つまり、巡査の百倍以上の月給をもらっていたわけである。キヨッソーネの給料がいかに破格だったかおわかりいただけるだろう。この契約はその後何度も更新され、結局、明治二十四年七月の任期満了までキヨッソーネは大蔵省印刷局（紙幣寮から紙幣局を経て一八七八年に改称）で十六年間働いた。

キヨッソーネの最初の作品は、明治十年九月に完成させた「国立銀行紙幣・新券」で、当時の富国強兵政策を反映して表面に彫刻で水兵の姿が、裏面に商売の神さま恵比寿（えびす）が配されていた。こうした紙幣のほか、公債や印紙、郵便切手、有価証券などの製造にも携わる一方、キヨッソーネは次代の技術者を養成するため日本の若者を集めて印刷技術を指導することにも熱心に取り組んだ。

▼神功皇后のモデルは女子工員

キヨッソーネが手掛けたわが国初の肖像画入り紙幣、神功皇后札は明治十四年に発行された。このときの神功皇后の肖像画を制作した際の苦心談が残っている。

神功皇后は『古事記（こじき）』や『日本書紀（にほんしょき）』に登場する伝説上の人物だけに、その姿を正確に写した資料はなかった。そこでキヨッソーネは、『古事記』にあった「幼くして聡明叡智、容貌壮麗」という一文を頼りに、印刷局で働く、ややしもぶくれで美人と評判の女子工員をモデルに絵を仕上げたという。

最初に発行された一円券では、彫りが深い日本人離れした神功皇后だったが、五円券、十円券と進むにつれて日本人らしい表情の皇后に変わっていったという。

その後、こちらも伝説上の人物で、大和政権の初期に活躍したとされる武内宿禰が入った一円券（明治二十二年発行）では、顎髭が豊かな神田明神の神官や、自分が雇用していたコックの顔を参考に宿禰の肖像画を完成させている。明治二十三年発行の十円券で採用された和気清麻呂（天皇家の危機を救った忠臣）の場合、誠実で武人の風貌をあわせ持った明治の元勲・木戸孝允をモデルにしたという。

▼母親の死にも帰国せず

キヨッソーネ自身、余技と考えていた元勲たちの肖像画の制作は、大久保利通と西郷従道の二人から始まった。ともに明治九年の制作だ。キヨッソーネの作品で最も有名な西郷隆盛の肖像画は明治十六年に制作されたもので、西郷が故郷鹿児島の城山で亡くなって六年がたっていた。

キヨッソーネは西郷とは面識がなく、さらに西郷自身、生前写真を残さなかったため、肖像画の制作には苦心したようである。そこでキヨッソーネは、実弟従道と従兄弟(いとこ)にあたる大山巌(おおやまいわお)の顔をミックスして、われわれがよく知るあの恰幅(かっぷく)がよく、ギョロリと大きな目をもつ「西郷どん」の肖像画を描き上げたという。上野公園のシンボルである西郷像は、のちにこの肖像画を基に高村光雲(たかむらこううん)が制作したものだ。

こうした本業以外の仕事もあって、キヨッソーネの毎日は目が回るほどの忙しさだった。彼は連日朝早くから夜遅くまで働き、日曜出勤は当たり前、夏休みを返上することも珍しくなかった。母親が亡くなったとの知らせを受けても帰国せず、仕事に没頭した。

明治政府はキヨッソーネのこうした献身的な忠勤に応えるべく、十三年に勲四等旭日章(きょくじつしょう)を贈ってその業績を称えた。さらに、翌年には月給を七百円にアップし、特別手当も増額した。

キヨッソーネは仕事柄、日本の歴史に触れる機会が多く、その関係で日本の美術品に並々ならぬ興味を抱いていた。わけても、印刷の仕事が一段落した十二年、キヨッソーネは得能良介（とくのうりょうすけ）印刷局長に誘われて古美術調査団に参加し、四カ月間にわたって関東や近畿にある神社仏閣を訪ね歩いたが、これがきっかけとなり、より深く日本美術に傾倒していったという。

▼収集品は故郷に寄贈

明治二十四年七月、キヨッソーネは五十八歳で印刷局を退職した。政府はその功に報いるため退職金三千円と年額千二百円の終身年金を与えることを決める。

この時点で故国イタリアに帰るという選択肢もあったが、キヨッソーネは大好きな日本の美術品をもっともっと収集したいと考えるようになり、日本の土に骨をうずめる決意をする。

こうして三十一年四月十一日に、東京・平河町にあった自宅で六十五歳で亡くなるまで全国の古美術商をこまめに訪ね歩き、美術品を収集した。彼が日本滞在中に集めた美術品は多岐（たき）にわたり、仏像や灯籠（とうろう）、陶磁器、浮世絵、書物（挿絵（さしえ）入りに限る）、着物、刀剣類など二万五千点にも及んだ。特に浮世絵のコレクションは、のちに分類・整理を任された岡倉天心（おかくらてんしん）を驚嘆させるほどだった。

古美術商たちはこの風変りな外国人のことを、親しみをこめて「キソさん」と呼んでいたという。彼はきっと、自分の鑑識眼を信じ、目についた物を片っ端から集めていったのであろう。さいわい蓄えは潤沢で購入資金に困ることはなかった。

これらキヨッソーネが収集した膨大な美術品の数々は、彼の死後、遺言によって若いころに学んだジェノバの美術学校に寄贈されたが、今日ではジェノバ市立キヨッソーネ東洋美術館にまとめられている。

遺産は現在のお金で数千万円あったという。生涯独身を貫いたキヨッソーネは、すべて使用人たちで分配するよう遺言している。遺体は青山の外人墓地に葬られた。

キヨッソーネの献身的な働きによって、日本の印刷技術は短期間で世界的水準にまで引き上げられたことは疑いのない事実。美術品の収集においても、当時の日本では二束三文でぞんざいに扱われていた品々を丹念に収集・保管してくれたお陰で現代に伝わったのである。今日、このキヨッソーネが日本で果たした業績はもっと評価されてよいはずである。

植物学者・牧野富太郎が東京帝大を辞めてからの苦難の「道のり」

▼七十七歳で東大の講師を辞任

牧野富太郎は明治から昭和期にかけての植物学者である。若いころから全国の野山をくまなく踏査して植物を採集し、ほとんど独学で植物分類学を修めた、日本の近代植物学の巨星だ。

九十四年の生涯において収集した標本はざっと四十万点。自らが発見して命名した新種は六百種、これに変種を加えるとその数は約千五百種にも及ぶという。そんな富太郎の著作『牧野日本植物図鑑』は時代を超え、今も研究者や愛好家に読み継がれている。

生涯を日本の植物学の発展に捧げた富太郎、彼が遺した言葉のなかで植物に関する一番の名言は、

「雑草という名の草はない」

であろう。自然科学者でもあった昭和天皇も生前、同じようなことを侍従(じじゅう)に述べたことがあったという。

そんな富太郎が、東京帝国大学の講師を辞任したのは七十七歳のときだった。普通なら、猫の頭でもなでながら縁側で日がな一日を過ごしても不思議はない年齢だが、富太郎は違った。ようやく自由な時間ができたと喜び、全国を飛び回ってますます植物採集に明け暮れる日々を過ごしたのである。

こうした富太郎の植物にかける並外れた情熱は一体いつどうやってはぐくまれたものであろうか。富太郎の不幸な幼年期とともに、一向に衰えを見せなかった晩年の学究生活についても述べてみたいと思う。

なお、本項で登場する帝国大学、東京帝国大学はいずれも現在の東京大学のことである。

▼幼少期に父母を喪う

牧野富太郎は、幕末の文久(ぶんきゅう)二年(一八六二)四月二十四日、土佐国高岡郡佐川村

れは、将来は造り酒屋の跡取りになることが決まっていたため、学問への情熱を失ったからだった。しかし、大好きな植物採集だけは毎日熱心に続けたという。

▼学歴の無さから締め出しをくう

　二十二歳になり、どうしても植物学の道をあきらめきれず、造り酒屋を親戚に譲って二度目の上京を果たす（一度目は十九歳）。そして、東京大学理学部植物学教室を訪ね、出入りを許されると、明治二十年（一八八七）、二十五歳のときに同教室の市川延次郎や染谷徳五郎らと共同で『植物学雑誌』を創刊する。この年、育ててくれた祖母が亡くなっている。

　翌年、近所の菓子屋に働いていた旧彦根藩士の娘・小沢寿衛子を見初め、結婚。大学近くの根岸に所帯を構えると、かねてから構想していた『日本植物志図篇』の刊行を自費で始める。それは今日の植物図鑑のような本で、作画は富太郎本人が担当した。

　明治二十三年五月、二十八歳のとき、東京・小岩において日本には生息しないと思われていた食虫植物ムジナモを発見し、このことが富太郎の名を一躍海外に知らしめるきっかけとなる。ところが好事魔多し、以前から小学校中退の学歴しか持たない富太郎のことを快く思っていなかった教授連中から植物学教室への出入りを禁止されてしまう。

そこで仕方なく一時帰京していたが、富太郎の才能を惜しんだ大学関係者の働きかけが奏功し、三十一歳で帝国大学理科大学（理学部の前身）の助手に採用される。その後、富太郎は七十七歳で辞めるまで四十七年間、東京大学に在籍した。辞めたときの身分は「東京帝国大学理科大学講師」で、学歴が障害となり教授に昇ることはついになかった。

講師になったのは大正元年（一九一二）、五十歳のときで、理学博士の学位を得たのは昭和二年（一九二七）、六十五歳という遅咲きだった。富太郎はこの博士号を受けた年、仙台で新種の笹を発見しており、その笹に前年亡くなった糟糠の妻の名をとり「スエコザサ」と命名している。

▼老いても盛んな研究心

富太郎の学者人生は、貧困との戦いでもあった。借金取りを避けるため一計を案じた寿衛子が、家の玄関に赤い旗を出して外出中の富太郎に知らせたという逸話も残っている。旗が出ているときは「今、家に借金取りがいる」という合図で、そこで仕方なく周辺をブラブラして、旗がしまわれてからようやく家に入ったという。なんとも涙ぐましい話だ。

生家は富太郎が三十代前半のころにすでに没落しており、そちら方面からの援助は望めなかった。富太郎は坊ちゃん育ちのせいかお金に無頓着（むとんちゃく）で、高価な専門書を後先無しに購入した。かてて加えて、十三人と子だくさんで（そのうち育ったのは七人）、大学の助手や講師の薄給ではとても一家を養いきれなかった。そこで、妻の寿衛子が一軒家を借りて待合を開くなどして献身的に支えたという。

昭和十四年（一九三九）、七十七歳で東京帝国大学を去った富太郎はその後、全国各地を飛び回って大好きな植物採集を行う一方、『牧野日本植物図鑑』『植物記』『続植物記』『牧野植物随筆』などの著書を精力的に世に出す。

富太郎の研究意欲は老いてますます盛んとなり、七十八歳のときには九州・大分の山中でシャクナゲを採集中に、崖から転落して背骨を二カ所も折るという大怪我を負ってしまうが、翌年には満州に渡って約五千もの植物標本を持ち帰ってきたという。

昭和二十四年（一九四九）、八十七歳の高齢で大腸カタルを患い、危篤状態に陥るが、これも奇跡的に乗り越えている。牧野家は代々早世の家系で、富太郎も幼少期は体が弱く、周囲からはとても家業を継げないだろうと思われていたというから、人の世は不思議だ。

▼花と恋して五十年

大病にかかる前年、富太郎は皇居に参内（さんだい）し、昭和天皇に植物学の御進講（ごしんこう）を行うという栄誉に浴している。昭和二十六年、八十九歳のときにはそれまでの功績が認められ、日本学士院の会員に選ばれ文化功労者として五十万円の終身年金を与えられることになった。この年金によって富太郎の暮らしはようやく安定をみたという。

とにかく体が動くうちは、野外での植物採集か自宅にこもっての標本整理や執筆に明け暮れる日々だった。土佐人らしい陽気さゆえか、植物の次に女性が大好きなことを公言してはばからず、植物採集の旅行中にストリップ小屋をみつけ、植物そっちのけで小屋に入っていったこともあった。また、晩年になり日劇のストリッ

プショーを見物したことを週刊誌にすっぱ抜かれ、「学士院会員の品位を汚す行為」とたたかれたが、本人は平然としたもので、

「学士院会員は少しでも長生きすることが御国へのつとめ。そのために若い女性に接するのは少しも悪くない」

そう言って、笑ったという。

俗謡の都都逸づくりを趣味としており、人に揮毫を頼まれると、

「草を褥に　木の根を枕　花と恋して五十年」

と書くことが多かった。最後の五十年が自分の年齢に合わせて七十年、八十年と変わることもあったという。

昭和三十二年（一九五七）一月十八日、生涯を通じて「草木の精霊」を自認していた男は家族に見守られ、静かに息を引き取った。満九十四歳の大往生だった。没後、文化勲章が授与されている。

日本初飛行の栄誉を手にした二人のパイロットの〝不遇〟のその後

▼二人そろって不幸がふりかかる

日本で最初に空を飛んだ人物は誰かご存じだろうか。諸説あるが、一般的には備前国（岡山県）の表具師、浮田幸吉と言われ、天明六年（一七八六）に地元の川を流れる橋の欄干から今日のハンググライダーのようなもので宙を滑空したことが記録されている。これは「ドイツの滑空王」と呼ばれるオットー・リリエンタールが同様の飛行装置で空を飛んだ一八九一年より百年も前のことだ。

一方、動力（エンジン）飛行機を使って日本で最初に空を飛んだ人物というと、陸軍軍人で発明家でもあった日野熊蔵の名前があげられる。熊蔵は明治四十三年（一九一〇）十二月、代々木錬兵場（現在の代々木公園）においてドイツ製の単葉機を操縦し初飛行を成功させた。アメリカのライト兄弟が世界初の有人動力飛行を行ってからわずか七年しかたっていなかった。

こうした快挙によって浮田幸吉も日野熊蔵も「日本初飛行」という栄誉を手に入れたわけだが、二人そろってその後の人生は恵まれないものだった。幸吉の場合、世間を無用に騒がせたという咎で、二度も牢に入れられている。一方の熊蔵も、「日本初飛行」の栄誉が一度は消え、あまつさえ陸軍を追放同然で辞めさせられる始末だった。一体、なぜこんなことになってしまったのか、そのあたりの顚末をたどってみよう。

▼天狗が降ってきた！

鳥になろうとした男・浮田幸吉は江戸中期の宝暦七年（一七五七）、現在の岡山県玉野市八浜地区で生まれた。幼くして父を喪ったため近所の傘屋に奉公に出されている。十代半ばになり、現在の岡山市で表具屋（襖や掛軸などの修繕を行う店）をしていた遠縁の者に手の器用さを認められ、傘職人から表具師に転職をはかる。

幸吉は幼いころから空を飛ぶことに異常な興味を示し、暇さえあればいろいろな鳥が宙をはばたくのを飽きもせず眺めている子供だった。実際に雀や鳩を捕まえ、翼（つばさ）の構造を研究することもあったという。そのうち「いつかは自分の力で空を飛んでみたい」と念願するようになったのも無理はなかった。

やがて、その夢を実現する瞬間が訪れる。幸吉は竹の骨組みに紙と布を張り、左右二枚の翼を完成させる。これを両脇に括（くく）りつけ、胸の前の棒を動かしてはばたく仕組みだった。これまで傘職人や表具師として習得した技術をすべて注ぎ込んだ、幸吉一世一代の傑作だった。

ところが、勇躍、近所の神社で実験を試みたものの、あえなく失敗に終わる。幸吉自身、石段から転落して左足を骨折する始末だった。しかし、こんなことでへこたれないのが、鳥人幸吉だ。近所の人たちの冷たい視線もなんのその、長屋の一室にこもって、骨組みを見直したり、空中で方向を変えるため足で尾翼（びよく）を動かせるようにしたりと改良作業に没頭する。

こうして、いよいよその日がやって来る。天明六年六月というから幸吉が数え三十歳のときだ。岡山の中心市街地を流れる旭川にかかる京橋（今日では日本百名橋のひとつ）に立つと、幸吉は一陣の川風をとらえ、えいっとばかりに欄干を蹴（け）った。この橋を選んだのは、岡山城以外でもっとも高い場所だったからだ。

橋のたもとの河原では、夏の夕方のひととき涼を求めてそぞろ歩きを楽しむ人たちが大勢いた。そんな群衆の頭上から、突如、鳥の化け物が落下してきたのだ。

「天狗が降ってきた！」

人々は逃げ惑い、あたり一帯が騒然となった。目撃者の話では、およそ五十歩の距離というから四十～五十メートルは滑空したことになろう。

▼本邦初のパラセーリング

まずまずの成功と喜んだのもつかの間、人々に不安を与えた罪で幸吉は捕縛され、城下からの所払い（追放）を命じられる。そこで郷里の八浜に戻って船乗りになるが、その後知人を頼って府中（現在の静岡市）に移り住み、雑貨屋を始めた。

幸吉は持ち前の器用さを生かし、時計の修理や入れ歯づくりなどに精を出したが、これが当たった。商売が軌道に乗ると、幸吉の胸にはもう一度空を飛びたいという願望がむくむくと頭をもたげてくるようになる。

そして五十一歳のとき、これが最後の機会と、現代のパラセーリングのような機体を手づくりし、安倍川の河原で空を飛んだ。川の渡し船の船頭に頼み込み、機体を縄で曳航してもらいながらの空中散歩だった。今度は数十秒間とかなり長時間飛ぶことができ、幸吉は大満足だった。頭のおかしいおやじだと最初は鼻で笑っていた船頭も、実際に幸吉が空へ舞い上がると腰を抜かして驚いたという。

この一件はまたたく間に府中の城下に広がったため、今度も幸吉は役人に捕まり、厳しい取り調べを受ける。府中は徳川家のお膝元だけに、どこかの外様大名の間者（スパイ）と勘違いされたのだ。やがて、その疑いが晴れると、幸吉は府中からの所払いを命じられる。こんな人騒がせな男は御城下にはとても置いておけないというのだ。

そこで幸吉は、現在の磐田市に移住し、その後は一膳飯屋を営みながら余生を安穏に過ごしたという。弘化四年（一八四七）、九十一歳の長命で没したと言われている。

今日、幸吉が最初に飛行実験を行った岡山の京橋付近には、彼の業績を称える記念碑が立っている。さらに、平成の世となり（平成九年）、幸吉の時代の藩主だった池田家の子孫・池田隆政氏によって、およそ二百年ぶりに幸吉の岡山所払いが解かれるという粋な出来事もあった。久方ぶりに帰郷がかなった鳥人幸吉の魂魄は今、故郷の空を自由に飛び回っているに違いない。

▼幻と消えた初飛行

次に、日野熊蔵にも触れておきたい。熊蔵は明治十一年（一八七八）、旧士族の子として現在の熊本県人吉市で生まれた。長じて陸軍士官学校に進み、卒業後は陸軍歩兵科に配属され兵器研究などを担当した。

明治四十三年四月、徳川御三卿（ごさんきょう）の一つ、清水徳川家の御曹子（おんぞうし）である徳川好敏（よしとし）工兵大尉とともに、ヨーロッパに派遣される。当時、最新の兵器であった飛行機の買い付けとその操縦技術の習得が目的だった。その後帰国した熊蔵は同年十二月四日、代々木練兵場において陸軍関係者の前で、自らがドイツで買い付けてきた単葉機（たんようき）を操縦し、試験飛行を披露した。このときはジャンプに毛が生えた程度の飛行だったが、それでも日本初の動力飛行であったことは疑いのない事実だ。

その五日後、同じ代々木練兵場において、今度は約十万人の観衆を集め、大々的に公開試験飛行が挙行された。最初に徳川大尉がフランス製の複葉機（ふくようき）で飛び、ついで熊蔵が前回と同じ単葉機で飛んだ。それぞれ滞空時間は、徳川大尉が約四分、熊蔵が約一分二十秒と記録されている。機体が宙に舞い上がると、観衆は大いに興奮して歓声をあげたという。

こうして、この日最初に飛んだ徳川大尉に、わが国初の動力飛行の栄誉が与えられることになった。その五日前にひと足早く熊蔵が飛んでいたが、軍部はその事実を黙殺した。地方出身の名もない一軍人より、名家の血を引く貴公子こそ、その栄誉を受けるのにふさわしいと判断したからだ。こうして熊蔵の初飛行は幻と消えた。

▼病魔と貧困にあえぐ晩年

その後の日野は、自ら機体とエンジンの両方を設計した「日野式飛行機」の開発に着手するも、失敗。さらに、数々の発明に没頭した結果、各方面から借財を重ねて訴訟沙汰になっていることを軍部に知られ、日野は福岡の歩兵連隊へ左遷転属を命じられる。しかし、地方に都落ちしても日野の発明意欲は衰えず、水上飛行機の開発などを続けたが、やはり成功しなかった。

日野が軍を退役したのは大正七年（一九一八）、四十歳のときだ。前年に東京砲兵工廠に転出していた日野は、飛行機の重要性を盛んに上官に説いたことから煙たがられ、もはや軍に自分の居場所はないと感じたからだった。最終階級は陸軍歩兵中佐。

その後は在野の発明家として、無尾翼機や自動車、自動小銃、ヘリコプター、ロケット……などの開発に着手。まさに、好奇心の塊（かたまり）のような人物だった。しかし、そのほとんどは実用化に至らず、脳溢血（のういっけつ）で倒れたこともあって生活は困窮（こんきゅう）する。これら発明関連の膨大な資料は昭和二十年の東京大空襲によって自宅と共にすべて灰となった。日野は敗戦の翌年の一月十五日、栄養失調で死亡する。六十七歳だった。

現在、東京・代々木公園内にある「日本航空発始之地」（昭和十五年建立（こんりゅう））の記念碑のそばに、徳川好敏と日野の胸像が二つ並んで立っている。徳川の胸像は昭和三十九年に建立され、日野のそれは十年後の昭和四十九年に建立されたものだ。この十年の時間差は一体なにを物語るのか？　いずれにせよ、幻の初飛行パイロット、日野熊蔵の名誉はようやく回復したのだった。

不滅の六十九連勝を成し遂げた大横綱・双葉山の「幕引き」後とは？

▼煙草盆や火鉢までが宙を舞う

昭和十四年（一九三九）という年は、ポーランドに侵攻したドイツに対し、イギリスとフランスが宣戦布告し第二次世界大戦が始まった年である。日本ではこの年の一月十五日、大相撲一月場所四日目が両国国技館（旧）で行われ、結び前の一番が日本中を興奮の渦に巻き込むことになった。

その一番こそが、三十五代横綱双葉山と西前頭三枚目安芸ノ海との取組だ。この日、両者は初対決だった。双葉山は三年前の一月場所七日目から連勝街道をひた走っていただけに、観衆の誰もが双葉山の勝利を確信していた。ところが、いざ蓋を開けてみれば、新鋭の安芸ノ海が双葉山を外掛けで破り、七十連勝目に待ったをかけたのである。なにしろ相手は三年間というもの無敗を誇っていた大横綱だけ

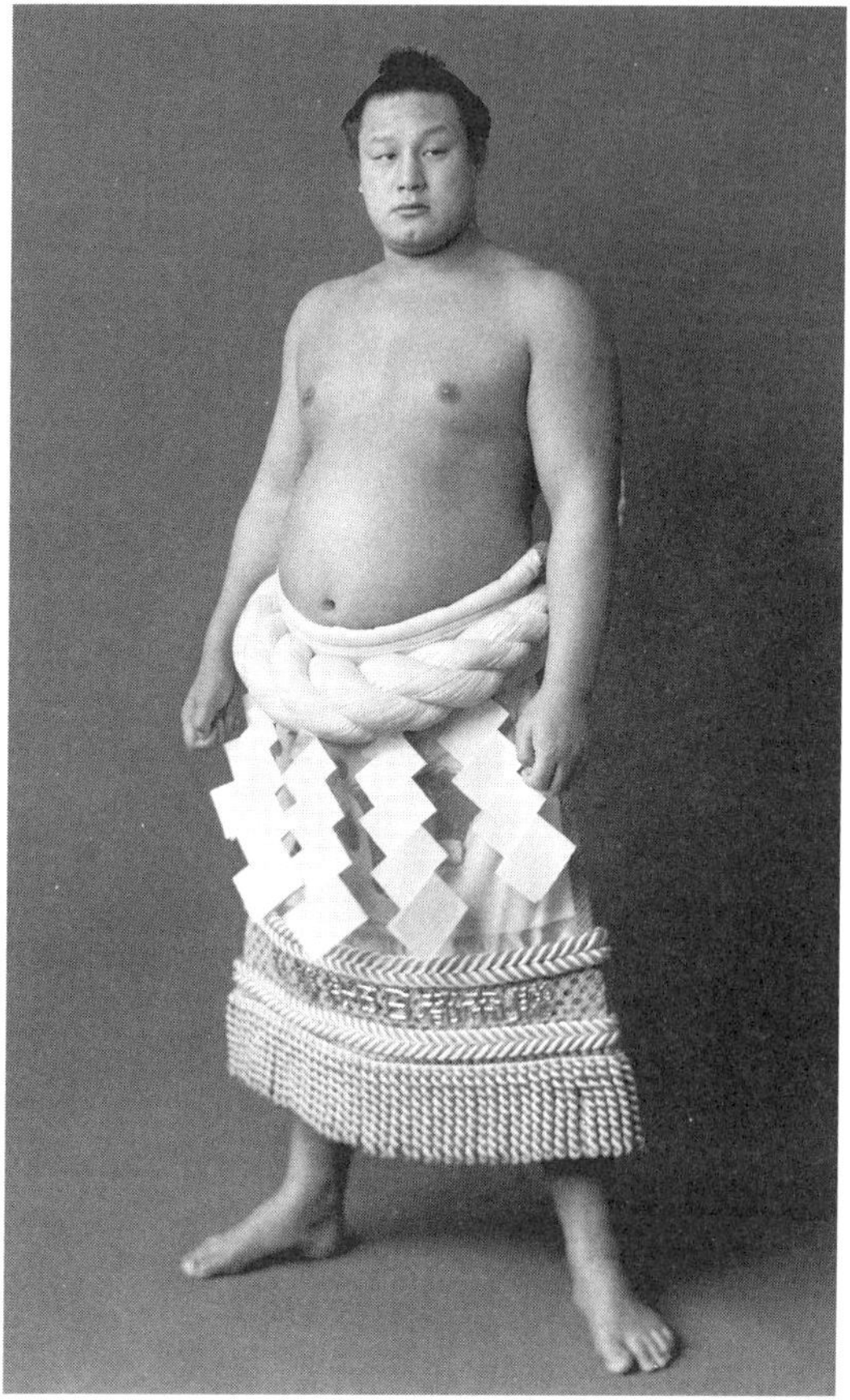

四股名(しこな)の双葉山は「栴檀(せんだん)は双葉より芳(かんば)し」から命名

に、観衆は信じられないものを目にして国技館の中は文字通り興奮の坩堝と化した。

大津波が押し寄せてくるような地鳴りがしたかとみるや、次の瞬間、館内は一気に爆発した。四方八方から土俵上に座布団や羽織、蜜柑などが乱れ飛び、なかには客席に備え付けられていた煙草盆や火鉢までもが宙に舞ったという。このとき、ラジオ中継を担当していたNHKのアナウンサーはマイクに向かって何度も「双葉山敗れる」を繰り返し、その興奮を全国の茶の間に伝えたのであった。

一体、双葉山はこのときなぜ敗れたのであろうか。そのあたりの謎に迫りながら、力士を引退後、日本相撲協会理事長として果たした功績についても述べてみたい。

▼身体的ハンデを乗り越えて

双葉山が連勝を続けていたころ、どうすれば双葉を倒せるかと、どこの相撲部屋でも日夜作戦が練られたという。それは安芸ノ海が所属する出羽海部屋でも同じだった。

打倒双葉の作戦参謀は安芸ノ海の先輩力士の笠置山という人物で、当時としては稀有な大学（早稲田大学）卒の「インテリ力士」であった。笠置山らは相撲協会の映画部が保管している動画フィルムを借りるなどして双葉山の相撲を徹底的に研究した。

当初こそ、このインテリ力士をもってしても双葉山の取り口は完璧で、兎の毛でついたほどの弱点も見出せなかったが、それでも研究を重ねるうち、とうとうある弱点をみつけだすことに成功する。

その弱点とは「双葉関は右に食いつかれるのを嫌がり、それを振り払うため無理な投げを打って体勢を崩すことがある。そこを掬うか足を掛けるかしてみてはどうか」というものだった。結果的にこの作戦が見事に当たったわけである。

双葉山がなぜ自分の右側に食いつかれるのを嫌がったかといえば、実は彼の右眼は半失明状態だったからである。これは彼が五歳のときに遊び友達の一人が物陰から放った吹矢によって傷付いたもので、以来、ずっと片眼での生活を余儀なくされていたのだ。しかし、立浪部屋に入門してからの双葉山はそのことを仲間の力士に打ち明けたことがなく、ずっと隠していた。自分の右眼が見えないことを公表するのは力士を引退してからである。

この子供のときの事故については、郷里である現在の大分県宇佐市下庄に、次のような逸話が伝わっている。吹矢が放たれた現場にたまたま双葉山（当時は穐吉定次(あきよしさだじ)少年）の父親もいて一部始終を見ていたのだが、父親は誰が矢を放ったのか定次に名前を明かさなかったという。息子がその子を一生恨(うら)むようなことがあっては本人のためにならないと考えたからだ。まさに、この父親にしてこの子あり、である。

定次少年は学業が優秀で進学を目指していたが、父親が事業（海運業など）で失敗し、多額の借金を負ってしまう。そこで家計を支えるため、体が大きく力も強かった定次は十五歳で角界に飛び込んだのだった。

▼連勝が止まった次の場所は全勝

双葉山の六十九連勝は二十四歳、東前頭三枚目だった昭和十一年一月場所の七日目から始まった。当時の本場所（東京場所）は年に一月と五月の二場所で、一場所十一日制だった。その後、双葉山人気が高まると十三日制になり、七十連勝がストップした十四年の一月場所が最後の十三日制の場所となった。その年の五月場所から十五日制となるのである。

さて、気になるのは四日目で敗れてからのその後だが、五日目と六日目はそれまでの疲れが出たのか連敗し、九日目にも黒星を喫している。結局その一月場所は九勝四敗で終わった。

「さすがの大横綱も人の子、ピークは過ぎたか」と誰もが思った次の五月場所、双葉山は十五戦全勝で見事な復活劇をみせる。翌十五年一月場所も十四勝一敗の好成

■第35代横綱　双葉山（ふたばやま）　定次（さだじ）とは？

・本名　穐吉（あきよし）　定次（さだじ）
・生年月日　明治45年2月9日
・出身地　大分県宇佐市
・没年　昭和43年12月16日（56歳）
・所属　立浪部屋→双葉山道場
・初土俵　昭和2年3月
・新入幕　昭和7年2月
・新横綱　昭和13年1月

・最終場所　昭和20年11月
・体格　身長179㎝、体重128㎏
・生涯戦歴　348勝116敗1分33休（51場所）
・幕内戦歴　276勝68敗1分33休（31場所）、優勝12回
・横綱戦歴　180勝24敗22休（17場所）、優勝9回

績で七度目の優勝を遂げた。次の五月場所こそ七勝五敗三休と不調だったが、その後、滝に打たれるなど精神修養を重ね、復活を果たす。

結局、双葉山は昭和二十年十一月場所（この年は戦争の影響で六月と十一月に開かれた）まで横綱の地位を守った。十八年に三十七代横綱となった安芸ノ海とは初対決で負けて以来九回対戦したが、一度も負けていない。

連勝が止まった翌場所（十四年五月場所）から引退するまでの全十四場所の通算成績は百四十五勝二十敗二十二休、勝率はなんと八割八分という高さだ。十分余力を残して引退したことがわかる。優勝回数は全部で十二回だ。

安芸ノ海（本名永田節男氏）は廃業後、ベースボール・マガジン社発行の相撲雑誌のインタビューにこたえ、しみじみとこう語っている。

「当時は二場所、今は六場所。今のほうがきついと思うかもしれないが、元気なときは場所がいくらあっても平気なもの。むしろ場所が多いほうが調子はいい。もしも双葉関の時代が六場所だったら、百五十連勝ぐらいはしたと思う。それくらい強い力士だった」

まさに、不世出の大横綱だったのである。

▼大相撲の近代化を推進

双葉山は引退後、親方時津風（ときつかぜ）を襲名する。横綱時代に立浪部屋から独立して「双葉山道場」を設立しており、二足のわらじを履きながらすでに多くの名力士を育成していた。昭和二十二年十月、協会の理事になると、十年後の三十二年五月、四十五歳で出羽海のあとを受け理事長となった。

この理事から理事長時代にかけては、台頭してきたほかのプロスポーツ（プロレス、プロ野球、プロボクシングなど）に対抗するため、土俵上の四本柱の廃止、本場所の年六場所制の確立、部屋別総当たり制の導入、定年制や退職金制度の新設、相撲茶屋制度の改革、相撲診療所の開設……など今日にもつながる様々な改革を断行し大相撲の近代化を推進した。

このなかで、わかりにくいものを補足説明すると、例えば四本柱の廃止。大相撲の土俵風景を描いた江戸時代の浮世絵を見たことがある人ならおわかりだろうが、昔は土俵上の屋根を支えるのに四方に太い柱が立っていた。これが視界を妨げると評判が悪かったため、昭和二十七年秋場所から吊り屋根式とし、柱を取り払った。

部屋別総当たり制というのは、それまで同じ一門の力士は対戦が組まれなかった。一例をあげれば、二所ノ関（にしょのせき）部屋の大鵬（たいほう）（四十八代横綱）は片男波（かたおなみ）部屋の玉乃島（たまのしま）（のち玉の海、五十一代横綱）と対戦できなかった。これでは対戦がマンネリ化し本当の意味で相撲ファンを喜ばせることにならないと時津風は考え、部屋が違えば総当たりとするよう改めたのである。昭和四十年（一九六五）一月場所からスタートしている。

こうした数々の改革が認められ、昭和三十七年には角界から初めて紫綬褒章（しじゅほうしょう）を受章した。亡くなったのは四十三年十二月十六日で、病名は劇症肝炎。まだ五十六歳だった。没後、従四位勲三等旭日中章（きょくじつちゅうしょう）を贈られている。力士として土俵上だけでなく、協会幹部としても光彩を放ち続けた見事な人生だった。

四　歴史の流れを変えた立役者の「その後」

源義経の兄源範頼を待ち受けていた、まさかの事態とは？

▼義経にひけをとらない戦術家

源義経といえば、源平合戦において平氏を滅亡へと追い込んだ立役者であり、日本史上最高の戦術家とも言われている武将だ。そんな義経には一体何人の兄弟がいたのかご存じだろうか。

日本の初期の系図集『尊卑分脈』によると、義経の父義朝には九男二女がいたという。男子だけをみると義経は九男、つまり末子で、上に八人の兄がいたことになる。

そんな兄たちの中で、義経と一緒に平氏追討に奔走しながら、その後異母兄頼朝に謀叛を疑われて誅殺されるという、義経同様の悲惨な最期を迎えた男がいる。その男こそ、六男範頼である。

義経の活躍が華々しいだけにその陰に隠れがちだが、範頼の実像は義経にもひけをとらない戦に長けた武将であった。頼朝はそんな頼もしい弟をなぜ殺してしまったのだろうか。以下では、平氏追討後に範頼の身に降りかかった不幸と、ほかの兄弟たちの消息にも迫った。

▼頼朝に忠節を尽くす

源範頼の生年は詳らかでないが、久安六年（一一五〇）説を信じれば、異母弟義経の九つ上ということになる。母は遠江国池田宿（静岡県磐田市）の遊女とされ、幼少期は同じ遠江の蒲御厨（浜松市）で育ったらしい。そこから「蒲冠者」とか「蒲殿」と呼ばれることもあった。

鎌倉幕府の公式記録本『吾妻鏡』に初めて登場するのは養和元年（一一八一）閏二月のことで、源氏の棟梁の座を狙って源頼朝に対し謀叛を起こした常陸国（茨城県）の源（志田）義広を討つため、頼朝の命を受けた範頼が武州吉見（埼玉県吉見町）から出陣したことが記録されている。源義広は頼朝の叔父にあたる人物だ。

その後寿永三年（一一八四）正月、頼朝の代官として源（木曽）義仲追討の総大将となり、近江国粟津（滋賀県大津市）で義仲を討ち取ると、一息つく間もあらばこそ今度は平氏を追討するため摂津一の谷（神戸市）へと軍勢を急行させた。

一の谷に到着すると、主力の範頼軍五万は別働隊の義経軍一万と示し合わせ、平氏軍の腹背から同時に攻めかかって海上へと追いやり、大勝をおさめる。寿永三年二月七日のことである。このときの合戦で範頼軍は平忠度をはじめ、平通盛や平経俊などの有力武将を討ち取っている。それだけ範頼が武将として有能だったことがわかる。

その年の夏、再び頼朝から平氏追討を命じられた範頼は西国へと出撃する。頼朝から源氏の主力武士団を預けられた範頼はこれに発奮し、翌文治元年（一一八五）二月までに、長門国（山口県）や北九州を平定し、西国における平氏の勢力を一掃する。この間、弟義経は屋島で平氏軍を潰走させていた。

さらに義経は、壇の浦の戦いで平氏を滅亡させると、意気揚々と京都に凱旋する。後白河法皇から戦勝を称えられ、まさに有頂天となる義経。しかし、これまでの度重なる独断専行と越権行為が頼朝の逆鱗に触れ、やがて義経は命を狙われることになる。

このあたり、範頼は義経と好対照だ。範頼は頼朝と離れていてもこまめに手紙をやりとりし、事の大小にかかわらず指示を仰いだ。たとえば、九州から鎌倉へ帰還する際など、「海が荒れているので到着が遅れるかもしれません」といったことまで頼朝に報告している。頼朝にとって二人は実の弟とはいえ、首輪を外した野良犬が義経であり、主人の顔色をたえず窺う忠犬が範頼であった。

▼伊豆・修善寺へ流される

頼朝が範頼の〝謀叛〟を疑うようになったのは、こんな出来事に起因している。建久四年（一一九三）五月、頼朝は富士の裾野で盛大な巻狩（狩猟のこと、軍事演習の意味合いを兼ねる）を挙行したが、その際、史上有名な曽我兄弟の仇討ち事件が起こる。

頼朝の寵臣だった工藤祐経を父親の仇としてつけ狙っていた曽我兄弟が討ち取った事件だが、なぜかその直後に、鎌倉にいる頼朝の妻政子のもとに、頼朝が討たれたとの誤報がもたらされる。驚き嘆く政子。そこへやってきたのが範頼で、兄嫁の気持ちをなだめようとほんの軽い気持ちで「自分がいるから、源氏の御世は安泰である」といった意味合いのことを述べたという。

巻狩から戻った頼朝は政子から範頼の発言を聞くと激怒し、範頼に対し疑念を抱くようになる。さらに、こんなこともあった。

誤報事件があったのち、範頼は頼朝への忠誠を誓う起請文を書いて差し出している。その際「源範頼」と署名したところ、源姓を名乗ったことが不遜である、と頼朝から難癖をつけられてしまう。たとえ兄弟であっても、棟梁の自分に無断で源姓を称することが許せなかったのだ。

その数日後だった。範頼の従者の当麻太郎という者が、頼朝の寝所に隠れて様子をうかがっていたところ、気配を察した頼朝の家来によって捕らえられるという事件が起こる。

当麻を取り調べると、「主人（範頼）は起請文の一件以来、自分にどんな処罰が下されるかと、ずっと落ち込む日々が続いている。そこで、様子を探るために忍び込んだ次第。けっして頼朝公を暗殺しようとしたのではない」と陳弁した。

しかし、疑り深いことでは人後に落ちない頼朝はこの当麻の供述を信じようとはせず、ただちに範頼に対し伊豆国修善寺への配流を命じた。

その後、頼朝は家来の梶原景時父子などに範頼のあとを追わせ、誅殺した。建久四年八月十七日のことで、享年は四十四とみられる。この範頼の最期については、頼朝が殺したことを裏付ける確かな史料は見つかっておらず、伊豆を脱出して越前国（福井県）、あるいは武蔵国（埼玉県）へ落ち延びたとする異説があることを付記しておく。

それはともかく、兄頼朝の忠実なる飼い犬だったはずなのに、不確かな理由で殺されてしまった範頼こそ哀れである。

▼義経の兄たちのその後

最後に、頼朝と範頼以外の義経の兄弟たちの消息について簡単に述べておこう。

まず、長男義平。末子の義経とは十八離れている。平治の乱で父義朝が亡くなると、平清盛をつけ狙うが失敗し、京都の六条河原で斬首された。享年二十。次男朝長は義平の二つ下。平治の乱で敗れ、東国へ逃げる途中に落ち武者狩りに遭い、殺された。享年十八。二人は母親の身分が低かったため、義朝は三男頼朝を嫡男に決めたという。

四男義門の母は頼朝と同じ熱田神宮の大宮司藤原季範の娘である。早世したらしく、詳しい事績は伝わっていない。五男希義も母は頼朝と同じ。平治の乱後、土佐国（高知県）に流されるが、のちに平氏の手の者に殺害された。七男阿野全成（幼名今若）と八男義円（同乙若）の母は、九男義経と同じく美貌の誉れ高い常盤御前である。

阿野全成は幼くして出家させられたが、頼朝が亡くなり嫡男の頼家が二代将軍を継ぐと、全成は北条時政に担がれかかったため頼家によって殺された。享年五十一。義円も幼くして出家したが、異母兄頼朝の挙兵に呼応して源氏軍に参加。墨俣川（現長良川）の戦いで平重衡に攻められ、戦死した。享年二十七。

信長の重臣・荒木村重はなぜ主君に刃を向け、新たな人生を選んだか

▼女子供を含め捕虜六百人余を虐殺

織田信長の重臣の一人に、荒木村重という武将がいた。戦国乱世に数多登場する武将の中でも、後世この荒木村重ほど悪い評判をとった人物も珍しい。

摂津国（大阪府北西部と兵庫県南東部）の一豪族から信長に引き上げられた村重は、やがて信長家臣団の中で順調に出世を遂げ、摂津一国を任されるまでになる。

ところが、突如として謀叛の疑いをかけられたことから、やむなく信長を裏切ることに。

こうして村重は、本拠とする有岡城（伊丹城）に立て籠もるわけだが、その籠城の最中に誰もが予想もしなかった行動に出る。妻子や家臣を置いたまま、わずかな家来だけを連れて城を脱出してしまったのである。やがて主を失った有岡城は織田

軍に攻められて陥落、信長の命によって捕虜となった六百数十人は女子供を含め、一人残らず磔刑や斬刑、焼殺刑に処された。

その後、村重は毛利氏を頼って備後（広島県東部）尾道に亡命し、そこで本能寺の変を知る。そのまま世をはかなんで隠遁生活を送るかと思いきや、羽柴秀吉が政権を握ると、のうのうと大坂に舞い戻り、茶人として活躍するようになる。

戦国武将から数寄の道へ——。まさに百八十度の方向転換だが、そもそも、なぜ村重は信長から謀叛の疑いをかけられたのだろうか。そのあたりの真相と城脱出の顚末、晩年の茶人としての暮らしぶりを探った。

▼敵の本願寺方に糧米を横流し

なぜ村重は、戦線離脱という突拍子もない行動に出たのであろうか。それを知るには村重の有岡城籠城に至るまでの経歴を知る必要がありそうだ。

荒木村重は天文四年（一五三五）、摂津の守護池田氏の家臣荒木義村の嫡男として、現在の大阪府池田市で誕生した。最初は池田勝正に仕えたが、やがて頭角を現し、勝正を追放するなど池田家を乗っ取ってしまう。

天正元年（一五七三）には摂津茨木城主となり、同年、織田信長が足利十五代将軍義昭のいる槙島城（京都府宇治市）を攻めた折、織田軍に加わって戦功を立てたことから、信長は村重を気に入り、翌年には村重に摂津一国の支配を任せるほどだった。

その後、村重は信長の傘下に入って越前一向一揆の鎮圧や石山本願寺攻略、紀州征伐など各地を転戦し、武功を重ねた。この間、忠勤ぶりが認められ、従五位下摂津守にも任ぜられている。ここまでの村重は武将としてまさに順風満帆であった。

突如、安土城にいる信長の耳に「村重が本願寺方に寝返ったらしい」という噂が届いたのは、天正六年秋のことだった。村重が、敵の石山本願寺方に糧米を密かに売っているというのだ。

信長は最初、その噂を信じなかった。しかし、どうやら本当らしいとわかり、糾問の使者として明智光秀を村重がいる有岡城に派遣した。すると村重は自分には謀叛の意志などさらさら持ち合わせていない。すぐにでも安土へ参上して信長にそのことを弁明するつもりだと光秀に語った。

ところが、何日たっても信長のもとに村重が来ることはなかった。村重自身は信長のもとに弁明に出向く考えだったが、それを村重の重臣らがこう言って押しとどめたからである。

「信長公は人一倍猜疑心が強いお方。一度でも疑念を抱いたからには、後々きっと滅ぼされるに違いない。ここは織田を見限ってほかにつくしか生き残る道はない」

村重がやって来ないことに業を煮やした信長は、羽柴秀吉と相談し、今度は村重とは旧知の仲である黒田官兵衛を使者に出した。しかし、村重が官兵衛を捕らえて土牢に監禁してしまったことから、ここに至り信長は村重の謀叛を確信する。

天正六年十一月、有岡城に籠る荒木村重を織田の軍勢二万余が取り囲んだ。村重は織田の大軍を向こうに回し、よく奮戦したが、村重の傘下に入っていた中川清秀と高山右近が相次いで織田軍に降伏。両翼をもがれてしまった籠城方では兵糧が尽き始めていたこともあり、あとは落城の瞬間を待つだけとなった。

▼茶道具と愛妾は連れ出す

籠城開始から十カ月がたった天正七年九月二日、村重は数人の家来を連れただけで密かに城を脱出し、嫡男村次（村安とも）がいる尼崎城へと走る。このとき自慢の茶道具と愛妾（あいしょう）だけは連れて出ている。

その後、有岡城は織田軍の総攻撃を受けて陥落し、村重の一族と家臣、その家族ら六百数十人が捕虜となった。ここで信長は、尼崎城を明け渡せば、捕虜は全員助命してやろう、と使者を通じて村重に対し交換条件を提示してきた。しかし、村重はこれを拒否したため、捕虜は一人残らず虐殺されてしまった。つまり村重は自分の命かわいさに有岡城に残る妻子や家臣らを見捨てたのである。これでは大将失格の烙印（らくいん）を押されても仕方がないだろう。

この有岡城をめぐる脱出劇からもわかるように、荒木村重という男は後世言われるように「卑怯者」で「身勝手」、おまけにどうしようもない「恥知らず」だったことがわかる。

その根底にあるのが、徹底した「現実主義者」だったということだ。謀叛の発端とされる石山本願寺への糧米横流しにしても、「織田信長」対「石山本願寺＋毛利」を天秤（てんびん）にかけ、勝が後者に転んだ場合を想定し、恩を売っておいたのだとする説が有力視されている。

村重は四十歳近くなってから信長の家来になっただけに、利害では結びついていても、羽柴秀吉や柴田勝家らほかの信長麾下の武将と違って信長に対し心服する気持ちは希薄だったのであろう。

村重はこうした現実主義者だったからこそ、戦国乱世という大舞台から自分がはじかれたことを悟ると、世をはかなんで自害するようなことはせず、武士を捨ててもしぶとく生き抜く道を選んだのだ。

村重を擁護するため、もうひとつ言わせてもらえれば、群雄が割拠するこの時代、勢いのある相手と手を組むことが、戦国武将にとって家を存続させる唯一の方法だった。普段から敵対勢力にもそれとなく秋波を送っておくことは、戦国武将であればけっして恥ずべき行為ではない。

村重はきっと「信長にしたって、一時は足利義昭にすり寄って、その権威を利用したではないか。わしだけが卑怯だ身勝手だと後ろ指を指されるのは間尺に合わない」と声を大にして言いたかったに違いない。

▼茶人になっても讒訴癖はやまず

有岡城を脱出してからの村重だが、いったんは尼崎城に籠ったものの、すぐに花隈城（神戸市中央区）へと移る。しかし、ここも信長配下の池田恒興に攻められたため、城を脱出して毛利氏を頼った。天正八年七月のことだ。そして村重は最終的に備後尾道に潜伏すると、剃髪して道薫と号した。

その二年後、村重を追い詰めた元凶である信長が本能寺で横死する。もはや危難が去ったと判断した村重は故郷の大坂へと舞い戻る。そして泉州（大阪府南西部）堺に居を構えると、親交があった千利休を頼り、茶人としての道を歩み始める。

そのうち、かつての同僚で、今や天下人となった秀吉に迎えられる。御伽衆の列に加わり、禄も頂戴した。どうやら秀吉は、信長から謀叛の疑いをかけられ、一族郎党を皆殺しにされてしまった村重の境遇を憐れんでいたようである。

そんな秀吉だったが、一時、村重を遠ざけたことがあった。それは、村重がかつて自分の傘下にあった高山右近を讒訴（相手を悪く言うこと）したことに起因する。村重が信長と一戦交えることになった際、右近が早々に信長方に寝返ってしまい、それが原因で村重方は一気に不利となった。以来、そのことを村重はずっと根に持っていたのである。

切支丹大名としても知られる右近は、本能寺の変ののち、秀吉の幕下に入り、今や秀吉の忠実な家来の一人になっていた。そんなかわいい家来を悪く言われ、秀吉は怒ったのである。

この村重の讒訴癖は、名利にとらわれない茶人となっても改まることはなかった。こんな話がある。秀吉が小田原征伐で出陣中に秀吉の悪口を言ったところ、それが回りまわって秀吉の妻北政所の耳に入り、北政所から叱責を受けたこともあったという。

そんな村重も、本能寺の変から四年後の天正十四年、堺で没した。五十二歳だった。記録によると、大坂に戻ってからの二年間で、村重自身が主催した茶会は八回あったという。

武将時代とは打って変わって、ときには好き勝手なことも言うが、全体的には平和で穏やかな茶人として明け暮れた晩年だった。嫡男村次は秀吉に仕え、その子村常は徳川三代将軍家光の治世下、五百石の旗本に列している。

また、村重の茶人としての教養の高さは、有岡城攻めでかろうじて生き残った息子の岩佐又兵衛によって受け継がれた。又兵衛は江戸時代初期に絵師として活躍し、のちに浮世絵の祖と称されている。

夫・秀吉が亡くなった後のおねが歩んだ意外な後半生

▼秀吉の人生を陰日向で支える

水戸黄門と言えば一般に全国を世直し旅で経巡ったとされる常陸水戸藩の二代目藩主、水戸光圀をさすが、実際には権中納言に叙された人はすべて「黄門」と呼ばれた。黄門は中国の古い官職に由来する称号だ。したがって、江戸時代を通じて「水戸黄門」の名を与えられた水戸藩主は全部で七人もいたという。

同様に、「北政所」と呼ばれた女性も、日本史上、数多くいた。摂政または関白の妻（正室）に与えられた称号だからだ。これはもともと、公の政務や儀式を執り行う正殿に対し、北側に私的な住まいがあり、そこに主の妻がいたことに由来する。しかし今日、われわれ歴史ファンが北政所と聞いて、すぐに思いうかべるのが、豊臣秀吉の正妻、おねであろう。

ご存じのように、織田信長の草履取りから成り上がり、天下人となった秀吉の人生を陰になり日向になり支え続けた女性だ。そんな秀吉にとって糟糠の妻であったはずのおねは、夫が亡くなると、なんの未練もなく大坂城を去り、京の町に移り住んでいる。

おねはその後、七十七歳で亡くなるまで二十六年間生きた。その間、亡夫の後世を弔う穏やかな念仏三昧の日々を過ごしたと伝えられる。しかし調べてみると実際には夫の愛妾・淀の方との確執、徳川家康との暗闘、夫と二人で築き上げた豊臣家の崩壊、永い闘病生活……と心やすまる日々は少しもなかったことがわかった。以下ではそんな京都隠棲後のおねの後半生をたどった。

▼関ヶ原合戦では家康に味方する

北政所おねが、秀吉の遺児秀頼とその母淀の方に豊臣家の行く末を託し、大坂城を退去したのは慶長四年（一五九九）九月下旬のことだった。そばには、永く自分に影のように仕えてくれている尼で祐筆（秘書）の孝蔵主を伴っていた。最愛の夫秀吉はすでに前年の八月十八日に亡くなっており、後顧の憂いはなかったと思われる。

　城を去るに当たり、おねは秀吉との思い出の品々をあらん限り持ち出している。秀吉愛用の衣装をはじめ、刀架け、薬箱、食膳、薬味入れ、洗顔桶（おけ）にいたるまで多岐にわたる。愛しい人との思い出の品々を、自分が去ったあと、憎い淀の方の目に触れさせてなるものかと正妻としての意地がそうさせたのであろう。

　おねには秀吉から頂戴した莫大な遺産があった。その最たるものが、現在の大阪市内に点々と持っていた所領だ。全部合わせると一万六千石にもなった。ちょっとした大名並みである。この所領は徳川の世になっても家康が認めたため、この先、何があっても生活に困るようなことはなかったのである。

　おねは、生前の秀吉が豊臣関白家の正式な邸宅として建てた、京都御所の南東にあった城郭風の邸宅に移り住むと、しばらくは創建されたばかりの豊国社（とよくにしゃ）（京都市東山区）に熱心に通ったようである。そこは秀吉を祀（まつ）るために建てられた神社だった。

　やがて、天下分け目の関ヶ原合戦が近付くとおねは、祐筆の孝蔵主を通して、秀吉子飼いの武将（加藤清正（かとうきよまさ）、福島正則（ふくしままさのり）など）や、さらに自分とは縁戚関係にあったり昔から親しかったりした武将（浅野幸長、小早川秀秋、京極高次など）にさかんに手紙を送り、いざ東西決戦となった場合、家康に従うよう指示を出している。

おねは、大嫌いな淀の方に加担する石田三成が勝つよりも、家康に勝ってほしいと願ったのだ。これは単に感情論から出た行動ではなくて、秀吉と一緒になって三十七年、戦国武将の妻としてあらゆる辛酸労苦を味わってきただけに女ながらも時勢を見抜く目は確かで、夫の跡を継ぐのは家康をおいてほかにないと身にしみて感じていたからである。

このときのおねの事前工作が奏功し、家康は関ヶ原において勝利をつかむことができたのは歴史の事実だ。そのため、おねが豊国社の近くに新しい寺「高台寺」の造営を始めると、家康は寺領五百石を寄進するなど感謝の気持ちを表している。

なお、高台寺造営の直前、おねは秀頼と千姫の婚儀を見届けたのち、落飾（髪を落として出家すること）し、朝廷から院号「高台院」を賜っている。

▼秀頼と家康との対面に骨を折る

慶長八年、家康は江戸に幕府を開くと、同十年、二代将軍の座を息子秀忠に譲った。このことは、天下の権は徳川氏によって代々受け継がれるべきもので、大坂の豊臣氏に渡ることは未来永劫ありえないと満天下に公言したも同然だった。

さらに家康は、この徳川政権の礎を盤石なものとするため、おねを利用することを思いつく。おねを自分の使者として大坂城に派遣し、秀頼が上洛中の秀忠と対面するよう仕向けたのだ。もしも秀頼がこの申し出に乗り、のこのこと秀忠の前に現れれば、しめたもの。これこそ豊家が徳川家に臣従したことを示すなによりの証明となるからである。

おねはそんな家康の思惑を知ったうえで使者に立った。もはや天下の趨勢は決まり、どうあがいてみても豊臣の天下はめぐってこない。それなら、徳川氏に臣従して一大名として命脈を保ったほうが得策、とでも言って淀の方を説得したに違いない。

これに対し、淀の方は「太閤さまの正室にあるまじき所業」と決めつけ、「どうしても強制するなら秀頼と共に自害する」とまで言って大いに怒ったことが、秀忠に関する記録を集めた『徳院殿御実紀』の中で述べられている。

しかし、執念深い家康はその後もチャンスをうかがい、慶長十六年三月二十八日、ついに京都・二条城において家康自身が秀頼と面会することに成功する。傍ら(かたわ)にはおねが同席していた。

秀頼はこのとき十七歳。六尺豊かな偉丈夫で、天下人だけが自然に身にまとった悠揚(ゆうよう)迫らぬ雰囲気と、二言三言会話してみてわかった、その賢さにも舌を巻き、さすがの家康も気圧(けお)されたという。このとき家康は、徳川の行く末のために一日も早くこの若者を抹殺する必要があると胸に誓ったという。

▼非情さを垣間見せる為政者・家康

ところで、おねと家康はどのような間柄だったのだろうか。秀吉生前のころは、家康はおねの飾らない気さくな人柄を愛し、おねも秀吉の友人として親しみを持ち、二人はしばしば談笑する機会があったという。ところが、秀吉の死によってそれぞれの立場は大きく様変わりしてしまった。

秀吉に替わって天下人となった家康の目には、もはやおねは自らの野望実現のための一個の道具としか見られなくなったに違いない。自分の言うことを唯々諾々(いいだくだく)と聞いている間はそれなりに優遇もするが、もしも逆らうようなことがあれば容赦なく切り捨てる。家康のそんな非情さを裏付けるこんな逸話がある。

家康が二条城で秀頼と面会する二年前のことだ。おねの兄・木下家定（きのしたいえさだ）が亡くなったため、将軍秀忠がその遺領・備中（びっちゅう）（岡山県）国足守（あしもり）藩二万五千石を長男と次男とで分配するよう、おねに指示した。しかし、おねは関ヶ原で西軍に与（くみ）した次男に分配するのはおかしいと勝手に判断し、領地をすべて長男に与えた。これに怒ったのが家康で、家定の遺領をすべて没収したうえで孝蔵主を呼びつけ、どなりつけたことが記録に残っている。家康にとっておねはその程度の存在だったのである。

▼亡くなるまでの五年間は病床に

おねの晩年にはこんなこともあった。慶長（けいちょう）二十年（一六一五）に豊臣宗家が滅亡したことにより、家康は後水尾（ごみずのお）天皇を動かして秀吉の神号である「豊国大明神」をはく奪し、豊国社の廃絶を命じた。これを聞きつけたおねはすぐに家康に面会し、廃絶だけは思いとどまってくれるよう嘆願したという。

すると家康はおねの願いを聞き入れ、全面廃絶は撤回し、外苑部分は壊すものの廟堂（びょうどう）や本殿がある内苑部分は残すと約束してくれた。しかし、まもなくして家康が亡くなると、徳川幕府は家康の意向を楯にとり、秀吉が眠る廟堂だけを残して、ほかは一切合切取り壊してしまった。元和五年（一六一九）のことである。

これは大坂冬の陣で交わした「城の外堀のみ埋める」という和睦の条件を家康が無視し、内堀まで埋めてしまったこととそっくりだ。きっと家康は、自分が死んだのちはすみやかに豊国社を取り壊すよう秀忠に遺言したに違いない。きっとおねは取り壊されていく豊国社を眺めながら、家康の非情さと己の無力さを噛みしめたことだろう。

このことが余程こたえたのか、ほどなくしておねは体を壊し、床についてしまった。こうして、その後五年間もの永きにわたっておねは闘病生活を送ることになる。

寛永元年（一六二四）九月六日、夫秀吉の死から二十六年後、家康が死んで八年後、おねは彼岸へと旅立った。その病床での五年間というもの、結果的には家康の天下取りに加担することになった自らの後半生がはたして正しかったのか、脳裏に去来する亡夫秀吉の面影に何度も問いかけたに違いない。

維新の扉を開いた生麦事件で起こったもうひとつのドラマ

▼薩摩藩の行列に騎馬で割り込む

文久二年（一八六二）八月二十一日、薩摩（鹿児島県）藩の国父島津久光は江戸から帰国の途につくべく家臣四百人（六百人説も）余りを随えて東海道は神奈川宿にほど近い生麦村（現・横浜市鶴見区生麦）に差し掛かったときにその事件は起こった。

前方から女性一人を含む四人の西洋人がいずれも騎馬で行列に近付いて来るではないか。先供の武士が身振り手振りで下馬し道を譲るよう注意を促したが、彼らにはそれが伝わらず、しかも道が狭いこともあって行列に逆行する形で割り込んでしまい、はからずも久光公が乗った駕籠にどんどん迫ってきた。

「無礼者！」

武士たちは口々にそう叫び、刀の柄に手をかけながら西洋人たちが乗った馬を取り囲んだ。血相を変えた大勢の武士たちに詰め寄られ、さすがに西洋人たちもこれはまずい、引き返したほうがよいと判断し、馬首を返そうとしたが、その場のただならぬ雰囲気を察した馬が興奮し、棹立ちせんばかりに暴れ始めたからたまらない。

▼後半生を日陰者として生きる

それと見て、一人の武士が進み出、先頭にいた西洋人男性に斬りかかった。左肩への一撃が見事に決まり、西洋人男性はあわてて逃げようとしたが、別の武士が腹部に抜き打ちの第二撃を浴びせ、これが致命傷となった。しかし気丈にも西洋人男性は手綱を離さず、その場から逃走をはかるが、やがて力尽き、落馬したところを追ってきた武士によって止めを刺されてしまう。

この通称生麦事件によって、薩英戦争から薩長同盟、そして倒幕へと至る一連の流れが生まれるのだが、まさに、幕末動乱の幕開けを告げたといってよい一大事件であった。

このとき、最初に西洋人に斬りかかったのが奈良原喜左衛門、第二撃をふるったのが久木村利休という名の薩摩藩士である。この二人の事件後の人生をたどってみると、とりわけ久木村利休のそれはたいへん興味深いことがわかった。

利休は幕末から明治・大正期を生き抜き、昭和に入ってから亡くなったのだが、事件から七十五年もたった九十四歳のときに、雑誌の取材を受けてようやく重い口を開き、事件の顚末を語り残していたのだ。そのとき語られた事件の生々しい真相と、日陰者として生きた事件後の数奇な半生についても述べてみよう。

▼観光目的で川崎大師へ

久木村利休は天保十四年（一八四三）十月に生まれた。八歳ごろから示現流剣術を学び、若いころは手の付けられない暴れん坊だったという。示現流とは薩摩藩を中心に伝わった、「先手必勝」の鋭い斬撃で知られた荒々しい古流剣術の一つである。

利休が島津久光の帰国に随ったのは十九歳のときで、身分は鉄砲組歩兵隊の一兵卒という、いたって軽い身分だった。利休は剣術の腕は確かだったが、五尺そこそこの小男で、その小男が二尺六寸五分の愛刀波平を腰に差した格好というのは一種滑稽ですらあったという。

事件の日は新暦では九月十四日となり、高く澄みわたった秋空のもと、爽やかな海風を全身に受けながら利休たち薩摩藩士は東海道を歩いたに違いない。そんなのんびりとした旅気分を一気に吹き飛ばす変事が勃発したのは、当日の昼二時ごろのことだった。利休の耳に、なにやら先頭のほうで大勢の藩士たちのわめき声が聞こえてきたのだ。近付いてみると、馬に乗った男女四人の西洋人が藩士たちに囲まれ、立ち往生をしていた。

この日、薩摩藩の行列に行き合った西洋人とは、すなわち横浜で米国人が経営する商店に勤めていたウッドソープ・チャールズ・クラーク、上海商人チャールズ・レノックス・リチャードソン、横浜の生糸商人ウイリアム・マーシャル、香港商人の妻マーガレット・ボロデール夫人——という四人の英国人である。

一行は観光目的で川崎大師へ向かう途中だった。四人とも日本語をほとんど解さないうえに、大名行列に出会ったときの儀礼を身につけていなかったという不運も重なり、偶発的に起こった事件だった。

最初に、リチャードソンを斬ったのは供頭の奈良原喜左衛門で、喜左衛門も示現流の遣い手だった。これを合図に、残りの英国人男性二人も四方から襲撃を受けることになった。ボロデール夫人だけは奇跡的に無傷でその場から逃れることができたという。

▼米紙「非は英国人側にあり」

結果的に、リチャードソンはその場で落命したが、クラークとマーシャルの二人は手傷を負いながらも当時神奈川にあった米国領事館（本覚寺）に逃げ込み、ヘボン博士に傷の手当てを受けたという。

年が明けて文久三年一月、英国政府は幕府に対し正式な陳謝と十万ポンドの賠償金を、薩摩藩に対しても犯人の処刑と二万五千ポンドの賠償金の支払いを要求してきた。

この生麦事件が起こる以前にも、西洋人と大名行列が街道などで出合うことはあったが、西洋人たちは儀礼をわきまえ、日本人のように土下座こそしないが下馬したり脱帽したりして異国の貴人に対し敬意を表した。

したがって、郷に入っては郷に従えで、今回の事件はリチャードソンたちの不注意が招いた不幸な事故であって、日本側に責任はないとつっぱねることもできた。

事実、当時の『ニューヨーク・タイムズ』紙は、「非は英国人側にある」と断じている。

ところが、弱腰の幕府は英国の脅(おど)しに屈し、賠償金を支払ってしまう。しかし、薩摩藩はこれを拒否したため、同年八月、英国と薩摩藩との間で「薩英戦争」が起こるわけである。

▼きのうまでの英雄が地に墜ちる

「私が斬ったのは、リッチャルトンとかいう英国の商人でした。最初に奈良原どんに一太刀(ひとたち)斬られ、逃げ出すところを私が斬りつけたわけです。リッチャルトンは飛び出そうとする自分の臓腑(はらわた)を手で押さえながら逃げましたが、五〜六町(約六百メートル)も行ったところで馬からすべり落ち、『水、水……』と末期(まつご)の水を求めながら絶命したと聞きました。かわいそうなことでした。その日は予定通り戸塚宿で一泊しましたが、のちにあれほどの大事(おおごと)になろうとは考えもせず、行列を邪魔した外人をやっつけたことで仲間からも称賛され得意になっていたものです」

これは昭和十二年に九十五歳で亡くなる前年に、雑誌の取材を受けて生麦事件について語った久木村利休の言葉である。

事件後、英国から賠償金を要求されるなど問題が大きくなると、薩摩藩内では「そもそも奈良原らが勝手なことをするからだ」という非難の声がわき起こるようになる。きのうまでの英雄も地に墜ちたのである。

結局、薩摩藩では「岡野新助と申す、島津家でもごく軽輩が一人でやったことで、岡野はその場から逃走して行方がわからない。賠償金のことはいずれ……」と幕府に報告。岡野新助という架空の人物を事件の真犯人にでっち上げ、この難局を強引に乗り切ってしまったのである。

▼六十二歳で日露戦争に志願

こうして奈良原や利休らは藩の意向に沿うため、「生麦事件のことは一切口外無用。これからの人生を目立たぬように生きろ」とでも言われ、釘を刺されたに違いない。

その後の利休だが、明治維新を迎えても、御一新の扉を開くきっかけになった事件の当事者は自分であると名乗り出るようなことはせず、一介の市井人としてひっそり暮らした。ところが、明治三十七年（一九〇四）、利休は六十二歳の高齢で日露戦争に従軍を志願し、周囲を驚かせている。のちに当時の心境を聞かれ、

「私は生麦事件で一度死んだ身。この世の余り者だけに、せめて最後に御奉公したかった」

と述べている。利休は日露戦争最大の陸戦と言われた奉天の会戦に戦功を立て、特別に陸軍少佐に任ぜられている。祖国のために一身を擲つことができ、利休はきっと、日陰者として生きた過去が洗い流される思いがしたに違いない。

なお、奈良原喜左衛門のその後だが、京都で国事に奔走し、元治元年（一八六四）七月の禁門の変でも活躍をみせたが、翌年五月、京都・二本松の薩摩藩邸で病死した。享年三十五。のちの男爵で沖縄県知事や貴族院議員などを歴任した奈良原繁は実弟である。

最後の剣客・榊原鍵吉は維新後の世をいかに生きたか

▼愛される江戸っ子・鍵吉

明治維新を迎え、禄を離れた武士階級の人たち、すなわち士族は、中間や足軽など下級の武家奉公人である卒族を含め全国で約百九十四万千二百人もいた（明治五年調べ）。これは総人口の約五・九％に当たる数だ。突然禄を打ち切られることになった彼らは霞を食らって生きるわけにもいかず、慣れない農業や商売に手を出すなどして必死に生き抜く道を模索した。

本編の主人公、榊原鍵吉もそんな没落士族の一人だった。微禄の御家人の家に生まれ、幼少期から剣一筋の道を歩んできた鍵吉。貧乏御家人と世間から揶揄されながらも禄のあるうちはまだよかったが、それがあしたから打ち切られるというので、鍵吉は様々な商売に手を出した。ところが、そのいずれもが失敗だった。それはそうだ、客よりも主人のほうが威張っているのだから、はやる道理がなかった。まさしく、武家の商法である。

しかし、自分のことはさておき、困窮する仲間の士族を救済するため東奔西走する江戸っ子の鍵吉を周囲の人たちは愛し、なにやかやと世話を焼いた。そんな武骨一辺倒で融通が利かない鍵吉だったが、晩年に日本剣道史上不滅の偉業を達成していた。それこそが、明治天皇の前で披露した「兜割り」の秘技である。この一事によって、榊原鍵吉の名前は日本剣道史に深く刻まれることとなった。

そんな最後の剣客、榊原鍵吉が歩んだ維新後の不器用な生き様と、剣士として一代の栄誉である天覧兜割りのあらましについて以下で述べてみたいと思う。

▼入門七年目にして免許皆伝を

ここに晩年の榊原鍵吉の姿を映した写真がある。身の丈が六尺（百八十センチ）に近く、胸板もがっしりとした鍵吉は、実に堂々とした偉丈夫だ。その顔つきも、角ばった顎にぎょろりとした大きな目、への字に曲げた口――と、いかにも剣客らしい面構えだ。頭には侍の象徴である髷が乗っている。しかし、そんな男らしい顔

着物に隠れた上腕部の太さが55センチもあった榊原鍵吉

つきよりも、一番に驚かされるのが、袖口からのぞく前腕部の太さだ。まるでそこに一升瓶を二本置いたかのようである。一体、どんな鍛え方をすればこんな腕になるのだろうか。

鍵吉という人は若いころから、握る部分だけが細くなった重さ三貫（十二キロ弱）、長さ六尺の振り棒（もはや丸太！）を二千回振るのを日課にしていたという。今日の剣道で素振り用の木刀というと通常およそ五百グラムの重さだから、鍵吉のそれはいかに尋常ならざる重さであるかおわかりいただけよう。

前腕部がこれだけ太いのだから、着物に隠れている上腕部は当然もっと太い。記録では鍵吉の上腕は一尺八寸（約五十五センチ）もあったというから、大柄な大人の男性の太股（ふともも）が肩から下がっているようなものだった。

したがって、そんなプロレスラーのような体をした鍵吉に竹刀で面でも小手でもポンと打たれると、鉄棒にでも打ち据えられたようなものすごい衝撃があり、打たれた相手は何日たっても腫（は）れがひかなかったという。

こうした剣の腕前は、数え十三歳のときに麻布狸穴（あざぶまみあな）にあった直心影流（じきしんかげりゅう）男谷精一郎信友（おたにせいいちろうのぶとも）の道場に通い始めてから身につけたものだ。鍵吉は文政十三年（一八三〇）十一月五日、江戸は麻布広尾において、幕臣とはいえ禄高三百俵の貧乏御家人の家で五人兄弟の長男として生まれている。

鍵吉はよほど剣の才能があったのだろう、江戸でも屈指の男谷道場にあって入門から七年目、数え二十歳で早くも師匠から免許皆伝を頂戴している。

▼剣道場は経営難に陥る

安政三年（一八五六）三月、二十七歳のときに師匠の推薦（すいせん）によって講武所（こうぶしょ）の剣術教授方となる。講武所とは、相次ぐ外国船の来航や列強の近代的軍装に刺激を受けた幕府が設置した武芸訓練機関である。そこの剣術教授ともなれば、全国的にも一流の剣士として公認されたようなものだった。鍵吉はその朴訥（ぼくとつ）とした性格から第十四代将軍家茂（いえもち）にもかわいがられ、剣の手ほどきをすることもあったという。

ところが、しあわせな日々は長続きしなかった。敬愛する家茂が数え二十一歳の若さで亡くなり、講武所も、もはや剣や槍（やり）の時代ではないとの理由で廃止されるにおよび、鍵吉は一切の世俗的栄達は望まぬことを決心し、下谷（したや）（東京都台東区）車坂（くるまざか）に町道場を開いて剣の修行に明け暮れるようになる。

その後、戊辰戦争で官軍に追い立てられた彰義隊が上野の山にこもったが、家茂の跡を継いで新将軍となった慶喜の人柄を嫌っていた鍵吉は、同じ幕臣とはいえ彰義隊に加わるようなことはなかった。

維新後、鍵吉は一時、徳川家達（徳川宗家の十六代当主）に随って駿府（静岡市）へと移住するが、明治三年（一八七〇）の夏には東京に戻り、下谷の道場を再開している。

翌年、鍵吉は新政府から警官の剣術指南を依頼されたが、窮屈な宮仕えはこりごりと断っている。しかし、そうかといって鍵吉の道場が経営的に安定していたわけではなかった。これはなにも鍵吉の道場に限ったことではない。御一新を迎え、旧弊の象徴のような剣術を習いに来る物好きはもはや皆無に等しく、どこの道場でも経営難にあえいでいたのである。

ただ、鍵吉の道場だけはなぜかいつも大勢の若者たちが出入りし、にぎやかだった。これは剣客としての鍵吉の威望をしたい、全国各地から剣術以外に取り柄のない食い詰めた若者たちが集まってきたからだ。人のよい鍵吉はそうした若者たちに「田舎に帰れ」などとはけっして言わず、方々に借金をしてまで衣食住の面倒をみたという。

▼相撲興行からヒントを得る

ところが、そのうちとうとう二進も三進もいかなくなり、自分を贔屓にしてくれている浅草の町火消しで侠客でもあった新門辰五郎や門人らと相談し、撃剣興行という新商売を思いつく。武家同士の剣術の試合を見世物にして、観客から木戸銭を集めようという前代未聞の試みだった。

相撲興行からヒントを得たものだが、鍵吉は最初、神聖な剣術を見世物にすることに難色を示した。しかし、自分のような没落士族の困窮を救う道はこれしかないと渋々納得し、準備を始めた。こうして興行の認可を政府から得たうえで、明治六年四月十五日、浅草・左衛門河岸（現在の浅草橋駅西方）において本邦初の撃剣興行が催されたのである。

興行は十日間連続で行われ、連日大勢の見物客で押すな押すなの大盛況だった。同じころ、隅田川を隔てた両国の回向院では相撲興行が打たれていたが、撃剣にすっかり客を奪われ、閑古鳥が鳴いていたという。

この興行の成功に目をつけ、腕に覚えがある士族たちは全国各地で同様の撃剣興行を催すようになった。その数はたちまち三十を数えたという。すると元祖である鍵吉のもとに興行主から、二回目の興行を一日も早く開きたいと矢の催促が舞い込む。ところが、これに対し、鍵吉はついに首を縦に振ることはなかった。

興行を継続すれば、出場する剣士たちは自然、一人でも多くの見物客を集めようとし、客ウケのする派手な技や動きばかり見せようとするに違いない。いわば剣士の芸人化である。

たとえ、それによって剣士たちの懐が多少潤ったとしても、それは剣術への冒涜(ぼうとく)以外のなにものでもない。第一、そんな幇間芸(ほうかんげい)まがいの興行を続けていては、そのうち客にきっと飽きられるはず、と鍵吉は冷静に読んでいたのだった。

▼寄席や居酒屋にも手を出してみるが…

この鍵吉の読みは当たり、わずか四～五年でブームは去ってしまったという。まさに、撃剣興行こそは時代の片隅に一瞬だけ咲いた徒花(あだばな)であった。

いずれにしろ、撃剣興行をやらなくなったことで、鍵吉は元の貧乏生活に戻ってしまう。すると鍵吉の人柄に惚れ込んでいた接骨医の名倉弥一という人が、道場の庭に長屋を建ててくれ、その店賃で生活できるようすっかり手配してくれた。

ところが、店賃だけではどうしても道場を維持できないため、道場を夜だけ講談や落語を聞かせる寄席として営業することにした。最初こそ、剣術道場が寄席になるというもの珍しさに、新門辰五郎が人気の演者を次々に回してくれたことも手伝い、客は押し寄せたが、そのうちパッタリと寄り付かなくなってしまった。

原因は鍵吉にあった。寄席が跳ねると、出口のところで鍵吉が裃姿で立っていて、本人にすれば精一杯のお愛想のつもりだろうが、「あしたも来るのじゃぞ」と例の強面で客の顔を一人一人にらみつけるものだから、客は例外なく震え上がってしまった。客足が途絶えるのも当然である。

しかし、その原因が自分にあるとは気づきもしない鍵吉は、はやらなくなった寄席を閉め、今度は道場の半分を仕切って居酒屋を始める。むろん、これも大失敗だった。もてなす側の従業員は道場の門人が務めたが、客に対して威張り散らすので有名だった。客は従業員になにやかやとどなられ、ぺこぺこしながら酒を飲むのがこの店のスタイルだった。当初こそ、それを面白がる物好きが集まったが、すぐに飽きられてしまう。また、酒豪ぞろいの門人たちが店の酒を勝手に飲んでしまうのも困った問題だったという。

▼天皇の前で兜割りを見せる

こうして日々の暮らしに汲々としながらも、剣術の修行だけは一日も欠かさず続けた鍵吉。そんな彼に、思わぬ依頼が舞い込む。明治天皇が臨席した伏見宮貞愛親王邸において、剣の腕を披露してくれないかというのである。鍵吉はその依頼を快諾する。維新後剣術は衰退するばかりで、尚武の気風がすたる当節、剣術の神髄を公開するのは意義があること、と考えたからである。

明治十九年十一月十日、皇族や大臣らも見守るなか、鍵吉が庭前で披露したのは鉢試し――すなわち兜割りであった。当日は鍵吉のほかに二人の剣士（逸見宗助と上田美忠）も招待されていた。二人は鏡心（新）明智流桃井道場の出身で、当代一流の剣士である。ともに警視庁の剣術師範でもあった。

なかでも肥後（熊本県）出身の上田美忠（馬之助）は慶応三年（一八六七）、銀座の料理屋で天童藩（山形県天童市）の槍術師範と剣術師範の二人と些細なことで喧嘩になり、たちどころに二人を斬り捨てたほどの腕前だった。そのため、いかに鍵吉の剣名は高くとも、こちらは警視庁の剣術師範。負けてなるかと並々ならぬ闘志を秘めてその場に臨んでいた。

この日の鉢試しで用意されたのは、戦国時代の名高い甲冑師、明珍が鍛えた南蛮鉄桃形の兜であった。見るからに頑丈そうなその兜を前にし、見物客の誰もが「これを截ち斬るなど、到底無理」と腹で思ったという。

案の定、はじめに登場した上田美忠は、満身の力をこめ下の土壇まで届けとばかりに大刀を振り下ろしたが、刀は鋭い金属音と共に跳ね返されてしまった。兜の頭頂部にはかすり傷程度の小傷が付いているばかりだった。続いて、逸見宗助が挑んだ。彼もまた刀を大上段から振り下ろしたが、当たった瞬間、勢いよく跳ね返され、その衝撃で無様にあお向けに転倒してしまった。

▼愛刀胴田貫、明珍を截ち斬る

「やはり無理か」と見物客が落胆するなか、最後に鍵吉が登場した。鍵吉の姿を見て、人々は驚いた。白装束姿だったからだ。当日、鍵吉は斎戒沐浴したうえでこの場に臨んでおり、もし仕損じれば腹を切る覚悟だったという。その片手に提げているのは愛用の胴田貫。鍵吉の人柄にふさわしい武骨な剛刀である。

鍵吉は前の二人と違って殊更気負うこともなく、水が流れるような静かな所作で兜の前に立った。そして、刀を上段に大きく振りかぶり、一つ二つ深呼吸して己の五体に天地の神気を宿したかと思うと、次の瞬間、電光の早業で振り下ろした。

「おおーっ！」

人々の目が集中した先には、まん中あたりまで深く斬り込まれた兜が鎮座していた。その斬り口の幅は三寸五分（約十一センチ）、別の目撃談では五寸（約十五センチ）はあったという。

この天覧兜割りによって榊原鍵吉の名は一躍全国に轟き、鍵吉は当代随一の剣士として広く認知されるようになった。このとき鍵吉五十七歳。

明治二十七年（一八九四）元旦、弟子の山田次朗吉に直心影流の免許皆伝を授ける。その年の九月十一日、めまぐるしく移り変わる維新の世をこの人らしく不器用に生き抜いた榊原鍵吉が、静かに息を引き取った。髷は最後まで切らなかった。享年六十五。

明治末期の超能力ブーム「千里眼騒動」の不可解な経緯

▼小説『リング』のモデルにもなる

一九七〇年代前半、スプーン曲げで一世を風靡(ふうび)したイスラエル出身の自称超能力者、ユリ・ゲラーのことを記憶している人も多いだろう。当時、全国で子供が真似をして給食のスプーンを折ってしまうため、スプーン曲げ禁令が出される小中学校が続出する始末だった。

このユリ・ゲラーのブームから六十数年遡(さかのぼ)った明治末期に、日本全土を揺るがす同様の超能力ブームがあったことをご存じだろうか。それこそが、透視能力を持つ女と称された御船千鶴子(みふねちづこ)と当時一流の心理学者だった福来友吉(ふくらいともきち)が一緒になって巻き起こした「千里眼(せんりがん)騒動」である。

ちなみに、この千鶴子という女性は、人気ホラー小説で映画にもなった『リング』において、超能力を持つ少女貞子の母・山村志津子（やまむらしづこ）のモデルとなった人物。一方、同作品で超能力研究者として登場する伊熊平八郎（いくまへいはちろう）は福来がモデルという。

はたして千鶴子は本当に超能力者か真っ赤な偽物か、新聞紙上で盛んに論争されるようになってきたことをうけ、福来は明治四十三年（一九一〇）九月十四日、当時を代表する諸科学者や新聞記者を集め、千鶴子を被験者とする公開透視実験を開催する。結果、実験に失敗した千鶴子と福来は世間から「ペテン師」のレッテルを貼られてしまう。

二人はその後、どんな人生をたどったのだろうか。公開実験に至るまでの二人の簡単な略歴と実験の顚末（てんまつ）をまじえながらそのあたりを語ってみたい。

▼姑との折り合いが悪く婚家を出る

福来友吉は催眠術の研究に本格的に取り組んだ日本最初の心理学者とされている。明治二年（一八六九）十一月三日、岐阜県高山市で呉服屋の次男として生まれた。

早くから商人になることを嫌い、学門で身を立てることを誓った福来は、仙台第二高等学校を経て、東京帝国大学に入学。三十歳で同大学の哲学科を卒業、三十七歳のときには同大学大学院心理学科を卒業する。そして明治四十一年（一九〇八）九月、三十九歳で東京帝国大学助教授となる。なお、三十七歳のときに著した『催眠術の心理学的研究』で文学博士号を授与されている。

そんな順風満帆（まんぱん）たる学究生活を送る福来が、熊本県に住むかつての教え子から、御船千鶴子の存在を知らされたのは四十一歳のときだった。千鶴子は、様々な透視能力を発揮し、熊本県内では千里を見通す眼を持つ女、すなわち千里眼の持ち主として評判になっているというのだ。

御船千鶴子は明治十九年（一八八六）七月十七日、現在の熊本県宇城（うき）市不知火（しらぬい）町で生まれた。父は漢方医だった。生来、難聴というハンデを抱えていたせいか、幼時期から勘が鋭く、一方で繊細な傷付きやすい性格だったという。

二十二歳のとき、陸軍軍人と結婚するが、すぐに不縁となり実家に戻っている。その原因をつくったのは皮肉にも透視能力だった。ある日のこと、夫の財布から五十円というお金がなくなり、姑（しゅうとめ）が大切にしている仏壇の引き出しにそのお金が入っていることを、ピタリと言い当てる。

姑は、嫁から泥棒呼ばわりされたと騒ぎ立て、あげくには自殺未遂を起こしてしまう。この出来事によって婚家には居辛くなり、実家に戻ってしまったのである。

▼炭鉱の場所を言い当て大金を得る

その後の千鶴子は、姉夫婦が経営する治療院で働きながら、透視能力を使った治療を始める。患者の病気を正確に言い当てたり患部に手をかざすだけで治したりと千鶴子の超能力は一層磨きがかかっていった。その噂を聞いて各方面から透視の依頼が舞い込んだ。

そうした依頼の中で最も成功したのが、万田炭鉱（熊本県荒尾市）の発見であろう。このとき千鶴子は謝礼として現在のお金で二千万円もの大金を三井合名会社からもらっている。

そんな千鶴子の超能力にいたく興味をそそられた福来は、京都帝国大学の今村新吉教授を誘って熊本に出向くと、千鶴子の姉の家で透視実験を行った。このとき千鶴子は、茶壺に入った名刺の文字を言い当てることに成功している。明治四十三年四月十日のことだった。

千鶴子の透視能力が本物であると確信した福来は東京に戻ると、ただちに実験結果を心理学会で発表した。大新聞にも取り上げられ、千鶴子の名は透視能力者として一躍全国に広まった。当然、肯定派と否定派の間で論争が巻き起こったが、同時に全国から千鶴子のもとに透視依頼が殺到したという。

日増しに熱を帯びる真贋論争はやがて、公開の場で決着をつけるしかないということに落ち着き、同年九月十四日の公開実験に至るわけである。

当日の実験は、物理学の権威で東京帝国大学の元総長山川健次郎博士が立ち合いのもと、学者やマスコミが見守るなか行われた。その内容とは、両端をハンダ付けした鉛管に入った紙の文字を透視するというものだった。鉛管は二十個用意され、この中から一つが選ばれ、千鶴子の手に渡された。鉛管を採用したのは万が一のエックス線探知を防ぐためだった。

▼「学界の大恥辱」と攻撃を受ける

千鶴子は透視を行う間、屏風の陰に居て周囲の視線から身を隠していたが、やがて屏風から出てくると、紙に書かれた文字は「盗丸射」の三文字であると告げた。

そこで、山川博士が鉛管を受け取り、ハンダを溶かして中の紙をあらためると、確かに「盗丸射」とあった。

「ほおーっ」と、周囲から太い溜息がもれた。しかし、当の山川博士だけは浮かない表情である。なぜなら、自分が用意した二十個の鉛管の中に「盗丸射」と書かれた紙はなかったからだ。

のちに「盗丸射」の鉛管は、前日に福来から練習用にと渡されたものだったことが判明する。千鶴子の言い分はこうである。

実験当日、福来からもらっていた鉛管を「お守り」として懐にしのばせていた。いざ実験が始まり、山川博士から手渡された鉛管の透視を試みたがうまくいかず、かわりにお守りのほうを透視したところ成功したので、そちらを提出したまでのこと——と、自分からすり替えをあっさり認めたのである。

この実験結果に対し翌日の新聞には否定的な論調の記事が載ったことは言うまでもない。

その後、福来と千鶴子は透視実験を繰り返したが、福来が思ったような好結果はついに得られなかった。そうなると、二人に対する世間の風当たりはますます強くなっていった。このころ、福来は「念写」にも取り組み、香川県丸亀市に住んでいた長尾郁子という女性と行った実験で成功したことを発表したが、もはやそのことを好意的に取り上げてくれるマスコミはなかった。

翌明治四十四年の正月を迎えたころには、福来と千鶴子に対する新聞のバッシング報道はピークに達した。それまで超能力に理解を示していた東京朝日新聞でさえ紙面には「学界の大恥辱」などという文字が躍るようになっていた。

▼親族間の板挟みで悩んだ末に…

そんななか、衝撃的なニュースが福来のもとに飛び込んでくる。正月十八日、千鶴子が、染料などに用いられる重クロム酸カリウムで服毒自殺を遂げ、翌日未明に死亡したというのである。

千鶴子は臨終に際し、「遺言はないか」と聞かれ、「何も申し上げることはありません」と答えたという。二十四歳の若さだった。

自殺の理由について本人は人に語ったり書き遺したりしなかったが、一般には新聞や世間からの批判に耐えきれなくなった末の衝動的行為ととられた。しかし、地元ではそれと違う見方がまことしやかに囁(ささや)かれていた。
すなわち「親族間の不和」である。千鶴子が働くようになって姉夫婦の治療院は繁盛し、夫婦は思わぬ大金を手に入れた。それを妬(ねた)ましく思ったのが千鶴子の実父で、彼もまた娘を利用して一儲けを企(たくら)んだ。その結果、両者の間で千鶴子をめぐっての綱引きが始まり、それに耐えきれなくなって自殺を選んだというのである。自殺の理由を周囲の人に語り遺さなかったことを考えれば、どうやら本当の原因はこの親族間の不和にあったとみるほうが合理的だ。

それにしても、この自殺によって千鶴子の透視能力の真贋を確認するすべが永遠に失われたのはいかにも残念なことだった。しかも、福来にとっては千鶴子と並んで大事な被験者の一人だった長尾郁子が、千鶴子が亡くなった翌月の二月二十六日、病気で急死してしまい、福来にとっては透視も念写も実験で証明する手段を失ってしまったのである。

それでも福来は、高橋貞子(たかはしさだこ)という新しい被験者を得て、その実験結果を『透視と念写』という一冊にまとめた。これで世間の偏見も改まるだろうと考えたのもつかの間、学長の上田萬年(うえだかずとし)から呼び出しを受け、その本が「東京帝国大学教授として内容的に好ましくない」と注意を受ける。

▼仙台で超心理学の研究所を開く

自分の研究を否定されては、もはや大学に居場所はなかった。福来は大正四年（一九一五）十月、四十六歳で東京帝国大学を去る。公的には休職扱いだったが、追放同然であった。このころの福来は超常現象の研究に没頭していたため、世間から「お化け博士」とか「幽霊博士」とか言われ、変人扱いされていたという。

福来はその後、真言宗系の高等女学校校長、高野山大学教授などを歴任。その間、超心理学や超常現象に関する研究を続けたことは言うまでもない。高野山大学教授には昭和十五年（一九四〇）、七十一歳までその任にあった。

昭和三年（一九二八）、五十九歳のときにはロンドンで開かれた超常現象に関する国際会議（四十二カ国参加）に出席、「透視と念写の実験」と題して研究成果を発表し、東洋を代表する超心理学者として欧米の研究者から高い評価を受けている。また、この会議をきっかけに、それまでの著作が英語やオランダ語に翻訳され欧州で出版されてもいる。まさにこのあたりが福来の人生の絶頂期であったはずだ。

高野山大学を辞した後、太平洋戦争に突入し米軍の空襲が激しくなると仙台に疎開する。そこで、超心理学に興味を持っていた詩人土井晩翠や細菌学者志賀潔らの協力を得て「福来心理学研究所」を設立、ますます独自の研究にのめりこんでいく。

しかしながら、戦後を迎えても福来の研究が報われることはついになかった。昭和二十七年（一九五二）三月十三日、肺炎で死亡する。享年八十二。最期は妻多津子が看取った。

こうして日本の超心理学の権威は亡くなったが、福来の生前の研究が超常現象に傾倒しすぎたきらいがあったことは否めないだろう。そのせいで福来は没後、日本の臨床心理学の研究が欧米に比べて遅れてしまう原因をつくった張本人と言われることになるわけである。

五

数奇な運命を辿った
あの人の「顚末」

相撲の起源に名を残す野見宿禰が果たしたもうひとつの役割とは？

▼二千年前に対戦した宿禰と蹴速

日本の国技とも言うべき相撲は一体、誰が最初に始めたのかご存じだろうか。これに関しては諸説あるが、一般的には『日本書紀』の中に見える、出雲(いずも)国（島根県東部）の野見宿禰(のみのすくね)と大和(やまと)国（奈良県）の当麻蹴速(たいまのけはや)という二人の男による対戦が起源とされている。当時、日本を代表する勇者同士だった。

二人が勝負したのは、十一代垂仁(すいにん)天皇の御代(みよ)というから、今から二千年も前の話である。このとき勝負に勝ったのは、野見宿禰のほうだった。その後、宿禰は垂仁帝から土地を与えられ、さらに朝廷に仕(つか)えるようになる。

相撲の起源となった宿禰はこののち、七世紀の古墳時代後期まで続く、ある日本的風習の元祖にもなっているのだ。その風習とは何か。宿禰と蹴速の相撲勝負のいきさつとともにそのあたりを述べてみよう。

▼相手の腰骨を踏み砕いて殺した宿禰

それは、ほんの些細な思い付きから始まった。垂仁帝に近侍するひとりの臣が何気ない様子で、天皇にこう申し上げた。

「この大和にある当麻村（現在の奈良県葛城市）という所に、蹴速という者がいます。その男は力が強く、（獣の）角を折ったり曲がった鉤をのばしたりできるようです。常々、この世に自分に並ぶ者はいないと自慢し、もしもいたなら、生死を問わず力比べをしてみたいものだ、と吹聴しているそうです」

天皇はそれを聞いて、ほかの近侍の者たちを集め、

「当麻蹴速と申す者は天下の力持ちだと聞いたが、これに敵う者はいるか」

と問うた。それに対し、ひとりの臣が進み出て、

「出雲に野見宿禰と申す勇士がいます。ためしに彼を召し出して蹴速と戦わせてみてはいかがでしょう」

と述べた。優劣をつけがたい力自慢が二人いたなら、その二人を競わせてみたい

と考えるのは、誰しも同じだった。帝はさっそく出雲へ使者を走らせた。

　当時、宿禰は出雲の神魂神社（松江市）に仕えていた。天照大神の子・天穂日命十四世の子孫であると伝えられる。生来の怪力の持ち主だったが、蹴速と違ってそのことを殊更人に自慢するようなことはなかった。

　こうして、垂仁天皇の七年七月七日、帝の前で宿禰と蹴速は対戦した。それは初の天覧相撲でもあった。

　試合の模様は今日の相撲とかなり異なり、当今流行の殴る・蹴る・投げる——なんでもありの総合格闘技に近いものだったと思われる。もちろん、土俵などはなかっただろう。とりわけ、名前からもわかるように蹴速は蹴り技の達人だった。しかし、宿禰は蹴速の一瞬の隙をとらえて蹴速の肋骨を蹴り折ると、倒れた相手の腰骨を踏み砕いて殺してしまった。

▼殉死の風習を廃止するため埴輪を

　相撲というにはあまりに凄惨な試合結果だった。しかし、のちに学問の神様、菅原道真が九世紀末に編纂した歴史書『類聚国史』では、これを相撲の起源としている。この大一番に勝利したことで宿禰は「相撲の始祖」とされ、今日でも東京都墨田区亀沢にある野見宿禰神社では年三回の東京場所ごとに日本相撲協会関係者が参列して例祭が営まれている。

その後の宿禰だが、垂仁帝は褒美（ほうび）としてそれまで蹴速が大和に所有していた土地を没収し、宿禰に与えた。のちにその土地は「腰折田（こしおれだ）」と呼ばれたという。また、宿禰自身は故郷に戻らず、天皇に仕える道を選んだ。

この宿禰と蹴速の試合から二十五年が経った垂仁天皇の三十二年七月六日、皇后の日葉酢媛命（ひばすひめのみこと）が崩御（ほうぎょ）した。この当時、高貴な人や権力を持った人が亡くなると、仕えていた者が故人と一緒に生きながら墓に埋められる習慣があった。すなわち殉死だ。

なかには、自らすすんで死んでいく者もいたが、ほとんどは半（なか）ば強制的に埋められたのだった。埋められた者はその後数日間は生き続け、昼夜をわかたず、悲しみと苦しみの泣き声をあげた。そして、ついには息が絶え、死体は鳥獣に食べられて散乱し、その腐臭は耐え難いものがあった。

この日葉酢媛命が没する四年前に、垂仁帝の母の弟にあたる倭彦命（やまとひこのみこと）が亡くなっていた。このときも倭彦命に仕えていた者が全員生き埋めにされており、今度もまたあの悲劇が繰り返されるのかと垂仁帝は暗澹たる気持ちになったのだ。

そこに野見宿禰が現れ、帝にこう進言した。

「君王の陵墓に、生きている人を埋めるのはよくないことです。このような習わしは後世に伝えてよいはずはありません。わたしに一つの考えがあります」

宿禰はそう言って、故郷の出雲に使者を送り、土部（土器職人）百人を呼び寄せ、彼らに土で人や馬の像を造らせた。

▼埴輪は宿禰の時代になかった？

宿禰は完成したそれらの像を帝に献上すると、

「これからは、土物（土器）を以って生きた人に替え、後世の習わしとしてはいかがでしょうか」

そう言上した。帝は大いに喜び、

「お前の考えはまことにわが意を得たものだ」

と述べた。さっそくそれらの土物は日葉酢媛命の陵墓に立てられることになり、同時に殉死の廃止が決定した。以来、その土物は埴輪、または立物と呼ばれた。

垂仁帝は宿禰の功を称賛し、宿禰に土器を造るための土地を与えた。さらに、朝廷の葬送の儀式を司るよう命じ、名もこれより野見から土師と改めさせた。

宿禰がなぜこのとき、土器を人の替わりにするというアイデアがひらめいたかといえば、宿禰がもともと出雲の神魂神社に仕えていたことと関係している。

神社には必ず祭器として土器が使われるが、大きな神社になれば近くにそうした土器を造る一族がきっと住んでいた。宿禰はそうした一族と縁が深い関係にあったとみられ、そこから埴輪のアイデアが浮かんだものと考えられている。

しかし、研究者の説では、人や馬をかたどった埴輪は、宿禰が生きた時代にはまだなく、古墳時代中期（五世紀中ごろ）になってようやく登場したという。そうなると、この宿禰による埴輪創案説はあやしくなってくるが、これをどう考えたらよいのだろうか。

それについては推測の域を出ないが、天皇家の葬送儀礼を司る土師氏が、自分たちの郷土の英雄である野見宿禰を埴輪の創案者とすることで、一族の経歴に箔を付けようとしたのではないかとみられている。

▼播磨国で亡くなった宿禰

垂仁帝が崩御すると、宿禰とその一族は帝が葬られた、現在の奈良市尼辻に移り住む。当時、この場所は菅原の地と呼ばれていた。ここで垂仁帝の陵墓を守るよう朝廷から命じられたのである。

くだって四十九代光仁天皇（在位七七〇〜七八一年）の御代になり、宿禰の後裔の土師宿禰古人が、土師から菅原への改姓を朝廷に願い出て、許されている。この古人から数えて四代目に当たる人物が、前出の菅原道真である。

なお、宿禰の最期の様子だが、『播磨国風土記』によると、宿禰は大和から出雲に帰る途中、播磨国（兵庫県南西部）で病を得て亡くなったという。そのとき、出雲から人がやって来て、川の小石を手から手にリレーして墓の山を造った。その小石を運ぶために大勢の人が野に立っていたことから、以来、土地の人はそこを立野と呼んだ。現在のたつの市龍野町と比定されている。

同町にある龍野神社の後方には、宿禰塚と呼ばれる大きな塚があり、これが宿禰の墳墓だと言われている。

本能寺の変をくぐり抜けた二人の博多商人のその後

▼わが世の春を謳歌する博多商人

織田信長が京都・本能寺の変で非業の最期を遂げた際、辛くも寺を脱出して生き延びた博多商人がいたのをご存じだろうか。それは島井宗室と神屋宗湛の二人である。変の前日、すなわち天正十年（一五八二）六月一日、本能寺において茶会が催されたが、二人は主客として信長から招待を受けていた。二人とも博多を代表する豪商であり、茶人でもあった。

当時の博多商人は、大坂・堺商人と双璧を成す存在で、主に明や朝鮮、東南アジア諸国を相手にした交易と、国内外の貿易商を相手にした高利貸しによって財を築いていた。交易では、日本で産出する銀や銅、硫黄、さらに刀剣や扇などを輸出し、日本には銅銭、生糸、絹織物などを輸入した。こうして蓄えた莫大な富を背景に、当時の博多は大商人たちの合議制による日本史上初の自治都市として栄えていたのである。

変に遭遇したのは、宗室四十四歳、宗湛三十二歳のときだ。そんな二人は、その後どんな人生を歩んだのであろうか。調べてみると、江戸時代の到来と同時に二人の事業は衰退の一途をたどったことがわかった。わが世の春を謳歌していたはずの彼ら博多商人に一体、何が起こったというのであろうか。

▼宗室と信長、それぞれの思惑

この日、信長が開いた本能寺茶会には、名のある公家や僧侶、町人など四十人ほどが招待されていた。信長は集まった人たちが退屈しないよう自らが所有する名物茶器や古今の書画骨董を寺に集めていたという。

この日の信長の最大の狙いは、島井宗室が所有する茶器「楢柴肩衝」を自分に献上させることだった。肩衝とは肩の部分が角ばった茶入れをさす。「楢柴」はもともと足利義政（室町幕府八代将軍）の持ち物であったが、彼の死後、持ち主を転々とし、この時点で宗室の所有物となっていた。

当時「楢柴」は、「初花」「新田」と並ぶ天下の三肩衝と呼ばれており、なかでも「楢柴」は最も格上とされていた。信長はすでに「初花」と「新田」を所有しており、「名物狩り」と異名をとるほどの収集家であった信長にとって、残る一つ「楢柴」はどうしても手に入れたい茶器だったのである。

この日、信長はまことに上機嫌だったという。それはそうだ、この時点でもはや信長に逆らう勢力は全国にも数える程度で、天下統一を成し遂げたも同然だったからである。

宗室と共に招待していた神屋宗湛に対し、「お前は博多の田舎に居たのだから、ろくな絵は見ていないだろう。あしたは、ゆっくり掛け軸や道具を見せてやる」と軽口をたたくほどだったという。このことは、小説家・井伏鱒二が、神屋宗湛が著した茶会の記録『宗湛茶湯日記』を下敷きに書いた『神屋宗湛の残した日記』の中で語られているエピソードだ。

実は、宗室や宗湛ら博多商人の側にとっても、今回の茶会に出席するについては、ある思惑を胸に秘めていたという。このころ九州では豊後国（大分県）の大友氏が衰退し、かわって薩摩（鹿児島県）の島津氏が台頭していた。そこで宗室は、いずれ島津氏によって自分たちの交易の特権が奪われてしまうのではないかと恐れ、信長という当時最強の虎の威を借りようとした。つまり宗室は、天下の名物茶器と自分たちの保護を天秤にかけたわけである。

▼逃げ惑う僧侶の一団に紛れて脱出

しかし、その宗室の思惑がかなうことはついになかった。茶会を終えた深夜、そのまま本能寺に泊まった招待客たちだったが、翌朝未明、周囲から聞こえてくるときならぬ物音で目を覚まされることになる。すぐに招待客らは明智光秀が主君信長に対し謀叛を起こし、その軍勢によって本能寺がぐるりと包囲されたことを知る。

「すわ一大事」と、あわてて布団から飛び起きた宗室は即座に逃げ仕度を始めた。そして最後に、持参した「楢柴」を懐に入れ、さらに壁にかかっていた掛け軸をぐるぐると巻いて腰に差した。宗湛も同様に別の掛け軸を腰に差したという。そして二人は、逃げ惑う僧侶の一団に紛れ、阿鼻叫喚が渦巻く混乱のなか、命からがら本能寺を脱出した。

このとき本能寺から宗室が持ち出した掛け軸は弘法大師空海直筆の「一切経千

字文」といい、空海の手蹟を今に伝える貴重な文化遺産となっている。一方、宗湛が持ち出した掛け軸は、信長お気に入りの中国は宋時代の画僧・牧谿の作品「遠浦帰帆図」であった。牧谿は、わが国の水墨画に多大な影響を与えた人物として知られている。現在、「一切経千字文」は福岡市の真言宗東長寺が、「遠浦帰帆図」は京都国立博物館が所蔵している。

明智の軍勢に取り囲まれ、わが身の命さえ危ういときに、二人ともよくぞこれらの掛け軸を持ち出せたものだ。おそらくは貴重な美術品が戦火で失われてはならないと思ったからだろうが、混乱のさなか、多くの掛け軸の中から瞬間的にこの二作品を選んだのは、二人ともそれだけ審美眼が備わっていた証拠であろう。

▼新興勢力に足元をすくわれる

信長に替わって豊臣秀吉が天下の覇権を握ると、宗室ら博多商人は秀吉の後ろ盾を得て、中国や朝鮮、南蛮との間で交易を一層活発化させ、栄華を極めた。秀吉との関係は良好で、秀吉が薩摩の島津氏を攻めた九州征伐の折には、宗室らは秀吉の求めに応じ戦費を負担している。

しかし、そんな良好だった秀吉との関係が一度壊れたことがあった。それは、秀吉が朝鮮出兵（文禄・慶長の役）を計画した際、宗室はこれに真っ向から反対を唱え、自ら対馬の宗義智と一緒に渡朝し、朝鮮国王と戦争回避を図るための交渉にも臨んでいた。しかし、これが秀吉の怒りを買い、宗室は蟄居を命じられる。のちに赦されるが、相手が天下人であっても、自分が正しいと思ったことは堂々と主張する宗室の気骨のある性格が垣間見られて興味深い。

関ヶ原合戦（慶長五年＝一六〇〇）で徳川家康が新しい天下人となると、博多を擁する筑前国（福岡県）は黒田長政の支配下に入った。宗室ら博多商人は福岡城築城などに多額の資金援助を申し出ている。それによって宗室らは秀吉時代と変わらぬ既得権益の保障を期待したが、それは見事に裏切られる。

まず、政治の中心が京大坂から江戸に移ったことで、江戸から遠くなった博多は何かにつけ蚊帳の外に置かれてしまった。悪いことは重なり、宗室や宗湛ら旧来の大商人が黒田長政から遠ざけられてしまう。これは、宗室や宗湛は、元は徳川家康と敵対した豊臣秀吉に引き立てられた者たちで、徳川の世になっても、そのまま目をかけることは長政の立場として憚られたからである。

かわって博多商人としては新興勢力の大賀宗九・宗伯父子が長政から引き立てられることになった。長政としては大商人然とした威厳を漂わせる宗室や宗湛らと比べ、はるかに使いやすかったに違いない。こうして、これまで通り手広く商売を続けることができなくなった宗室と宗湛は凋落の一途をたどることになる。

▼天下の三肩衝の行方

元和元年（一六一五）八月、一代の豪商、島井宗室が亡くなった。当時としては長寿の七十七歳だった。晩年は中風に苦しみながら、細々と酒屋を経営していたという。一方の神屋宗湛の死は寛永十二年（一六三五）十月のことで、享年八十五と宗室よりさらに長命だった。

この宗湛が亡くなったのは三代将軍家光の治世だ。この時代、鎖国令が出されたことで、諸外国との交易は長崎一カ所に集約され、海外貿易を生業とする博多商人の威勢は急速に衰退することになった。こうして千五百年もの歴史を持つと言われる国際貿易港、博多は永らく冬の時代を過ごすことになるわけである。

最後に、天下の三肩衝のその後にも簡単に触れておこう。

「初花」は本能寺の変後、一時行方がわからなくなったが、徳川家康が探し出し、秀吉に献上している。その後、秀吉から宇喜多秀家に渡った。関ヶ原で敗れた際、秀家はこれを家康に差し出し、死罪を免れたという。こうして再び「初花」は家康のもとに戻り、今日では徳川記念財団が所蔵している。「新田」も秀吉の手を経て徳川家に伝わり、今日では徳川ミュージアムの所蔵品となっている。

残る「楢柴」だが、九州大名の一人秋月種実が半ば強奪するように島井宗室から取り上げ、わがものとする。ところが、秀吉の九州征伐では種実が秀吉に敵対、その後降伏したが、その際、「楢柴」を秀吉に献上し、それがため秋月家は所領を安堵されている。

秀吉の死後、「楢柴」は家康の手に移り、以来、徳川家の家宝として伝わった。しかし今日、三肩衝のうちこの「楢柴」だけが行方不明となっている。一説に、明暦の大火（一六五七）で江戸城と共に運命を共にしたとも、あるいはまた、その大火で破損したものの修繕後所在がわからなくなったとも言われている。

戦国期、数多の権力者や豪商たちの心を惑わせた天下の名器はこうして永遠の闇にのみこまれてしまったのである。

天正遣欧少年使節団の帰国後の数奇な運命とは？

▼遣欧計画を陰で演出した人物がいた

織田信長が本能寺の変で亡くなったのは、天正十年（一五八二）六月二日のことである。その約四カ月前の正月二十八日、ポルトガル船に乗った紅顔の日本人少年四人が、欧州諸国をさして長崎港を出帆していた。彼らはのちにこう呼ばれた。天正遣欧少年使節団――と。

このたびの渡欧を計画し、少年たちを引率したのは、イエズス会員で、東インド管区（アフリカ東部から極東の日本までを含む広範な区域）の布教の最高責任者でもあったイタリア人宣教師アレシャンドロ・ヴァリニャーノである。

ヴァリニャーノの狙いは、日本人少年たちに欧州の進んだ文化と偉大なキリスト教世界を見聞させ、帰国後に少年たちの口からそのことを日本国民の前で語らせ、布教に結び付けることにあった。もう一つ、極東の島国の少年たちをローマ教皇やスペイン・ポルトガル両王のもとに連れて行き、日本宣教のための経済的援助を請（こ）うことも渡欧の狙いだったという。

日本人少年たちは、文字通り、万里の波濤（はとう）を乗り越えて、インド洋からアフリカ大陸を回って欧州に到着すると、ポルトガルやスペイン、イタリアなど各国をめぐって要人と会い、親善使節としての役目を無事果たす。その後、少年たちは同じ航路を逆にたどって日本に帰国する。長崎港に戻ってきたときは、出発から八年半という長い歳月が過ぎていた。

当時の旅行事情を考慮すれば、少年たち四人が四人とも無事に帰国できたのは奇跡的な出来事と言ってよいだろう。気になるのは、少年たち（すでに青年になっていたが……）のその後である。彼らはヴァリニャーノが願ったようにキリスト教を日本に根付かせる助けとなったのだろうか。それとも――。

▼どこの国でも国賓待遇を受ける

使節団に選ばれたのは、伊東（いとう）マンショ、千々石（ちぢわ）ミゲル、原（はら）マルチノ、中浦（なかうら）ジュリアンの四少年である。出発時の正確な年齢はわからないが、いずれも十代半(なか)ばとみられている。

彼らは、キリスト教に帰依(きえ)した、いわゆる切支丹(キリシタン)大名たちの名代(みょうだい)という立場にあった。すなわち、伊東マンショは豊後(ぶんご)（大分県）の大名大友宗麟(おおともそうりん)の名代（主席正使）で、千々石ミゲルは肥前(ひぜん)（長崎県）大村の大村純忠(おおむらすみただ)と島原の有馬晴信(ありまはるのぶ)という両大名の名代（正使）。残りの原、中浦の両名はその副使という立場だった。

彼らは渡欧に備えて、ヴァリニャーノが現在の南島原市北有馬町に建てた神学校(セミナリオ)で約一年半、宗教学やラテン語などをみっちり勉強していた。当時、この神学校には二十数人の優秀な日本人少年が学んでいたが、伊東マンショら四人はそのなかから今回の渡欧のために選抜された特別優秀な少年たちだった。

長崎港を出帆した一行は、途中のマカオとインドにそれぞれ長期滞在し、最初に欧州の土（ポルトガルのリスボン）を踏んだのは、一五八四年八月十一日のことだった。長崎を出てから約二年半の歳月が流れていた。

その後の使節団は、スペインとイタリアを訪問し、どこへ行っても国賓(こくひん)級の厚遇を受ける。四人の少年たちにとっては、見るもの聞くものがすべて驚きの連続であったに違いない。

翌年三月二十三日には、使節団が念願としていた、ローマ教皇グレゴリ十三世に謁見（えっけん）がかなう。教皇が待つバチカン宮殿に向かうまでの道路は、極東の島国からはるばるやってきた日本人少年をひと目見ようとして、上下貴賤（きせん）の区別なく大勢の群衆で埋まったと記録されている。

謁見の場では、城からの祝砲が轟（とどろ）くなか、教皇は少年たちを一人一人優しく抱き寄せ、接吻までするという最大級の歓迎ぶりを示した。少年たちにとって、まさに夢のようなひとときだった。

▼切支丹弾圧に力を入れる徳川政権

そんな四少年が使節としての大役を無事果たし、再び長崎の地に舞い戻ったのは、天正十八年（一五九〇）六月二十七日のことだった。日本を留守にしていたこの八年半の間に、織田信長が非業の最期を遂げ、信長の家来だった豊臣秀吉（とよとみひでよし）が天下の権を握っていた。一時は九州で最大勢力を誇り、今回の渡欧計画の大きな後援者だった大友宗麟はすでに鬼籍（きせき）に入っていた。

秀吉は信長と違ってキリスト教への弾圧政策を推し進めており、彼ら四人の布教活動は大いに制限を受けることになる。その結果、彼らは四者四様の道をたどることになった。

まず、伊東マンショだが、帰国した直後はほかの三人とともに、天草にあったコレジオ（キリスト教の聖職者になるための学校）に入って勉強を続けた。伊東は渡欧中、外国人宣教師から「信徒の模範」と称えられたほどのまじめな若者だった。慶長（けいちょう）六年（一六〇一）、中浦ジュリアンを伴ってマカオに留学し、帰国後の慶長十三年（一六〇八）には中浦、原マルチノの二人とともに念願の司祭（しさい）に任ぜられている。

徳川政権が到来すると、ますます切支丹への迫害・弾圧が激しくなったため、伊東は長崎にとどまってひっそりと布教を続けたが、やがて病気になり、慶長十七年（一六一二）に亡くなった。四十代半ばとみられる。

この慶長十七年という年は、徳川家康（とくがわいえやす）が直轄領（ちょっかつりょう）における禁教と、南蛮寺の破却、宣教師の追放を長崎奉行と京都所司代に命じた年で、これを境に切支丹受難の時代が本格的に幕を開けたのである。

▼われこそはローマを見た中浦ジュリアン

残り三人のうち、原マルチノは江戸幕府のキリスト教禁止令によって、マカオに追放された。原はラテン語など語学に卓越した才能があったため、かの地で布教活動を続けながら出版の仕事で生計を立てたという。寛永六年（一六二九）に病死し、遺体は恩師ヴァリニャーノと同じマカオ大聖堂の地下に葬られた。

その最期が悲惨だったのは、中浦ジュリアンだ。盟友の原マルチノが国外へ追放されても自分は日本に隠れ住んで布教活動を続ける道を選んだ中浦だったが、寛永九年にとうとう捕縛（ほばく）され、翌年、長崎で拷問（ごうもん）死させられた。

それは、「穴吊りの刑」と名付けられた拷問法で、汚物のたまった穴に逆さ吊りにされ、おまけに上から穴に蓋をして明かりを遮断されるというものだった。逆さに吊られると頭に血が上って意識を失ってしまうため、こめかみに血抜きの穴があけられたという。棄教（ききょう）するという意思表示をしない限り、この状態が何時間も何日間も続けられた。まさに、酸鼻（さんび）の極みであった。

結局、中浦は三日間もこの拷問に耐え抜き、四日めについに息絶えた。その刑の

さなか、

「われこそはローマを見た中浦ジュリアンである」

と穴の中で叫んだことが伝わっている。中浦は遣欧使節団の一員だったことを生涯の誇りとして、天国へと召されたのだった。

最後の一人、千々石ミゲルだが、四人のうち彼だけは身元がはっきりしている。なぜなら彼は日本初の切支丹大名と言われる大村純忠の甥で、有馬晴信の従兄弟に当たる人物だからだ。本名を千々石紀員という。

千々石ミゲルは欧州から帰国後、四人のなかでは自発的に棄教してイエズス会を退いてしまった唯一の人物だ。なぜ彼は棄教することを選んだのであろうか。

▼四人のなかで一人だけ棄教した理由とは

千々石ミゲルは帰国した直後、司祭になることを目指し三人と一緒にコレジオで勉強していたが、とつぜんいなくなり、イエズス会を除名されてしまう。

彼がなぜ棄教したのか、明確な理由は伝わっていない。一説に、使節団で欧州各地を旅行した際、行く先々で外国から連れてこられた奴隷が権力者や富裕層から牛馬のようにこき使われているのを見て、異教徒に対しては冷酷なキリスト教の教えに疑問を抱いたからだと言われている。

それを裏付けるように、のちに彼は大村純忠の嫡男（ちゃくなん）で肥前国大村藩初代藩主・大村喜前（よしあき）に仕官するのだが、すでに切支丹になっていた喜前に対し、

「西欧人にとってキリスト教は外国を侵略するための方便であるから、即刻離れたほうがよい」

といった意味のことを述べ、棄教を促したという。

千々石ミゲルの晩年については定かでないが、のちに喜前と不仲になり、藩政から遠ざけられ、領内で隠棲（いんせい）したという。没年はわかっていない。

このように帰国後は四人それぞれが別々の道を歩んだ天正遣欧少年使節団。彼らの行動が、当時の日本や世界を動かすようなことはなかったが、初めて日本という国の存在を西欧に知らしめるきっかけとなったことは間違いのないところだ。

魔王・織田信長を父に持つ十一人の男子たちの「足跡」

▼信長の資質を受け継いだ長男信忠

織田信長には、男子だけでも十一人の子がいた。この十一人のなかで史上有名なのが、信長の資質を最も色濃く受け継いだと言われた長男信忠であろう。

織田信忠は、信長が二十四歳のときに誕生した。今川義元を討った桶狭間の戦いが起きる三年前で、信長が血気盛んな青年武将だったころにできた子だ。母は、藤原氏の流れをくむ名族にして織田の家臣でもあった生駒家宗の娘という。

信長の信頼厚い信忠だったが、武田勝頼を攻めた甲州征伐の直後に起こった本能寺の変（天正十年＝一五八二＝六月二日）によって、父と共に自害する運命にあった。享年二十六の若さだった。もしも信忠が、この本能寺の変を生き延びていれば、その後の戦国の世は大きく様変わりしていたに違いない。

この信忠以外の十人の男子についてだが、本能寺の変後、一体どんな人生を送ったのか、知っている人は少ないだろう。せいぜい、豊臣秀吉と柴田勝家が争った賤ヶ岳の戦いで秀吉に味方した次男信雄、勝家と手を組んだ三男信孝の二人の足跡が知られているくらいだ。父信長があまりに偉大すぎたからだろうが、そんな影薄い信長チルドレンのその後をたどった。

▼信雄が安土城に放火？

まず、次男信雄と三男信孝から。母親が異なる二人はともに長男信忠とは一つ違いだ。実際には信孝のほうが信雄よりも二十日ほど早く生まれていたが、信雄の母は信忠の母と同人物で、この女性は信長の正妻扱いであったため、側室から生まれた信孝は一段低く見られ、三男の立場に置かれたのである。

信雄は兄信忠と同腹とはいえ、人物としては兄にかなり劣っていたようである。本能寺の変の際など、ただ慌てて右往左往し、何を血迷ったか、父信長が丹精込めた天下の名城・安土城に放火して灰にするという愚行まで犯している（安土城の放火については別人説もあり）。

一方の信孝は、兄弟の中で最も父信長と容貌が似ていたという。賤ヶ岳の戦いのとき信孝は岐阜城にいたが、信雄に攻められて降伏する。その後信孝の身柄は尾張知多半島にある安養院に移され、そこで自害させられた。享年二十六。

▼晩年は悠々自適の暮らし

信雄のその後だが、賤ヶ岳の戦いが終息すると、専横ぶりが目立ち始めた秀吉を見限り、徳川家康と手を組むようになる。そして小牧・長久手の戦いで秀吉と対立するが、長引く戦いに嫌気がさした信雄は、家康に無断で秀吉と講和を結んでしまう。このあたり、苦労知らずで育った御曹司らしい変わり身の早さだ。

その後の信雄は秀吉に服属して正二位内大臣にまで栄達する。しかし、小田原征伐後の論功行賞において国替えを拒んだことから秀吉の怒りを買い、改易（所領没収）となる。そして信雄は裸同然で下野国（栃木県）を経て秋田へと流される。

そんな信雄の境遇を憐れんだのがかつての盟友家康で、秀吉へのとりなしが奏功し、信雄は赦免され、秀吉の御伽衆に加えられる。三十五歳のときであった。豊臣氏滅亡後は家康から大和国（奈良県）と上野国（群馬県）で五万石を与えられている。

晩年は京都に隠居し、茶や鷹狩りなど悠々自適の日々を過ごした。寛永七年（一六三〇）、七十三歳で亡くなった。数多くいた信長の子の中で、江戸時代に大名として存続したのはこの信雄の系統だけである。

▼長兄信忠に殉じた五男勝長

四男於次丸秀勝は永禄十一年（一五六八）ごろの生まれという。十歳前後で秀吉に養子としてもらわれている。本能寺の変が勃発したとき、秀勝は養父秀吉と共に備中（岡山県西部）高松城を包囲していた。（永禄十一年誕生説を信じれば、このとき秀勝は十五歳である。京都大徳寺における信長の葬儀では位牌を持って参列し、名目上の主催者となっている。

その後秀勝は秀吉に命じられるがままに賤ヶ岳の戦い、ついで小牧・長久手の戦いに参戦した。天正十二年（一五八四）の小牧・長久手の戦いの直前には丹波亀山城（京都府亀岡市）城主となり、同十三年からは丹波中納言と呼ばれた。新しい天下人・秀吉の後継者として輝かしい未来が待っていると思われたのもつかの間、その年の十二月十日、突然病を発して急死してしまう。まだ十八歳の若さだった。

五男勝長は幼くして武田氏の人質となるなどつらい幼少年期を過ごした。武田氏が滅亡し、ようやく父信長のもとに戻ることがかなったが、すぐに本能寺の変に遭遇し、二条御所で長兄信忠に殉じた。元亀元年（一五七〇）の生まれとされ、享年十三。薄幸な人生と言わざるを得ない。

六男信秀。信長はなぜか自分の父の名前を付けている。本能寺の変後、秀吉に属し、羽柴三吉侍従と呼ばれた。のちに出家し、文禄年間（一五九二～一五九六）に亡くなったとも、次の慶長年間に亡くなったとも言われ、はっきりしていない。

▼女子も十一人いた

七男信高と九男信貞も本能寺の変後は秀吉に属し、二人とも近江国（滋賀県）に知行地を与えられる。関ヶ原の戦いに際しては二人は相談して徳川方に走った。そのため二人は徳川家の高家旗本として織田の家名をつないだ。

八男信吉は本能寺の変後、母と共に小倉に逃れていたが、十一歳のとき秀吉に召し出され、羽柴姓と官位を与えられる。関ヶ原の戦いでは西軍に味方したため、戦後に改易となる。晩年は出家し京都で暮らした。享年四十三という。

十男信好は本能寺の変の際、まだ幼少であったため、成長してから秀吉の家来になった。詳しい足跡は不明だが、茶人でもあったらしい。慶長十四年（一六〇九）に亡くなった。享年は未詳。十一男長次は本能寺の変後、秀吉の馬廻り衆となる。関ヶ原の戦いでは兄信吉と共に西軍に属し、戦死した。

このほか、信長には若いころに成した信正という庶子の長男がいたことがわかっている。嫡男信忠が誕生する三年前の出生だ。信正は本能寺の変の後、三十二歳で出家した。亡くなったのは正保四年（一六四七）、九十四歳の長寿だったという。

また、信長には女子が、男子と同様、十一人確認できるという。最も有名なのが、長女徳姫であろう。わずか九歳にして政略結婚で家康の嫡男松平信康に嫁いだ女性だ。やがて夫信康が織田と徳川の板挟みとなって自害すると、京都で暮らした。寛永十三年（一六三六）に七十八歳で没したが、秀吉が亡くなったあたりからずっと徳川氏の庇護を受けていたようである。

信長はこの徳姫の結婚生活が不幸に終わったことが余程こたえたのか、次女以下の娘たちには、あからさまな人質婚を強いることがなかったという。敵対する相手からは魔王とまで恐れられた信長も、娘には甘いごく普通の父親だったのである。

宮本武蔵と対決した吉岡一門の「その後」をめぐる謎

▼小説『宮本武蔵』でワリを食う

剣豪と聞いて、第一に宮本武蔵の名前を挙げる人も多いだろう。兵法者の子として美作国（岡山県北部）で生まれた武蔵は（播磨国＝兵庫県南西部＝生誕説もあり）、十三歳にして新当流の有馬喜兵衛という者に勝利し、のち京都に出て、当時扶桑第一の兵法と称された吉岡一門を壊滅に追い込む。さらに、天才剣士・巌流佐々木小次郎と豊前小倉の舟島において生涯のハイライトとも言うべき決闘を行い、これに勝利する。こうして十三歳より六十有余度の真剣勝負を行い、一度たりとも後れをとったことがないという、まさに剣豪中の剣豪である。

しかし今日、われわれがよく知っているこうした話は、吉川英治の小説『宮本武蔵』の中で語られていることであって、史実とはかなり異なる。

この小説で特にワリを食っているのが、吉岡一門であろう。代々、足利将軍家の剣術の師範をつとめる名門でありながら、どこの馬の骨とも知れない兵法者（武蔵）に試合を挑まれ、総領の清十郎、続いてその弟伝七郎、さらに一門総出でぶつかった決闘においても悉く敗退してしまったのだ。

はたして、この武蔵と吉岡一門との決闘は本当にあった出来事なのだろうか。もしも、本当にあったとして、武蔵に敗れた吉岡一門はその後どうなってしまったのだろうか。そのあたりを遺された数少ない史料から読み解いてみた。

▼足利将軍家に仕えた剣の名門

まず、吉岡家と兵法とのかかわりからみていこう。武蔵との決闘から百年以上たった享保年間（一七一六〜一七三六）に著された『吉岡伝』という書物などによると、吉岡兄弟（清十郎と伝七郎）の曽祖父、吉岡憲法直元は足利（室町）幕府十二代将軍に仕えて軍功があった人物という。その弟憲法直光（当主は代々憲法を襲名した）もまた足利将軍家に仕え、剣術師範となる。

吉岡兄弟の父にあたる憲法直賢は足利幕府最後の将軍、つまり十五代足利義昭の剣術師範をつとめた。武蔵の父新免無二斎と試合をして引き分けたとされるのはこの直賢のことらしいが、試合自体、本当にあったかどうか疑わしいという。

吉岡流剣術は、剣術の源流・始祖とされる流派の一つ、京八流の流れをくむとされている。この流派は鬼一法眼という名の陰陽師が開いたとされ、あの源義経も牛若丸時代に鞍馬山で習ったと言われている。

直賢の息子、清十郎（憲法直綱）と伝七郎（又市直重）の兄弟はいずれも剣術の達者で、二人の代になってから吉岡流剣術は一段と栄えた。噂を聞いて、名高い吉岡流に勝って一旗揚げようと欲にかられた兵法者が諸国から引きも切らず訪れたという。

『吉岡伝』によると、慶長九年（一六〇四）八月、天流朝山三徳という名の北九州一帯で無敵を誇った兵法者に試合を挑まれたが、相手をした伝七郎が三徳の頭蓋を打ち砕いて一蹴している。翌年六月には新当流鹿島林斎という名の関東一を豪語する荒法師から試合を申し込まれる。今度も伝七郎が立ち合った。林斎は、石突から鎖につながれた鉄丸を飛び出させるという特殊な棒で戦ったが、動きの敏捷な伝七郎の体をとらえることができず、あわれ頭蓋に伝七郎の剣を受け、絶命した。

▼引き分け、それとも武蔵の勝ち？

宮本武蔵と試合をしたのはこのころと思われ、京都所司代板倉勝重が清十郎と武蔵の間に入って、試合の日時を約束させたという。当日の試合の模様だが、二人は秘術を尽くして戦ったものの決着がつかず、後日改めて再試合するということに決まった。ところが、約束の日になっても武蔵が現れず、「これを以って、世の人は憲法の勝ちと噂しあった」という。

これは『吉岡伝』の中で語られている話だ。ところが、のちに武蔵の養子宮本伊織が、養父の死後に建立した顕彰碑（通称『小倉碑文』）には武蔵の勝ちと刻まれ、さらに、武蔵の弟子筋にあたる者が安永五年（一七七六）に著した武蔵の伝記本『二天記』にも武蔵の勝利と記されている。

伊織の顕彰碑にはこんなことも書かれている。洛北蓮台寺において、武蔵は清十郎と伝七郎の兄弟二人と連続して決闘し、兄を廃人にせしめ、弟を木剣で叩き殺してしまった。その後、復讐に燃える吉岡一門数十人にただ一人で立ち向かい、これを縦横無尽に蹴散らしたことから、ついに吉岡兵法は滅んでしまったというのであ

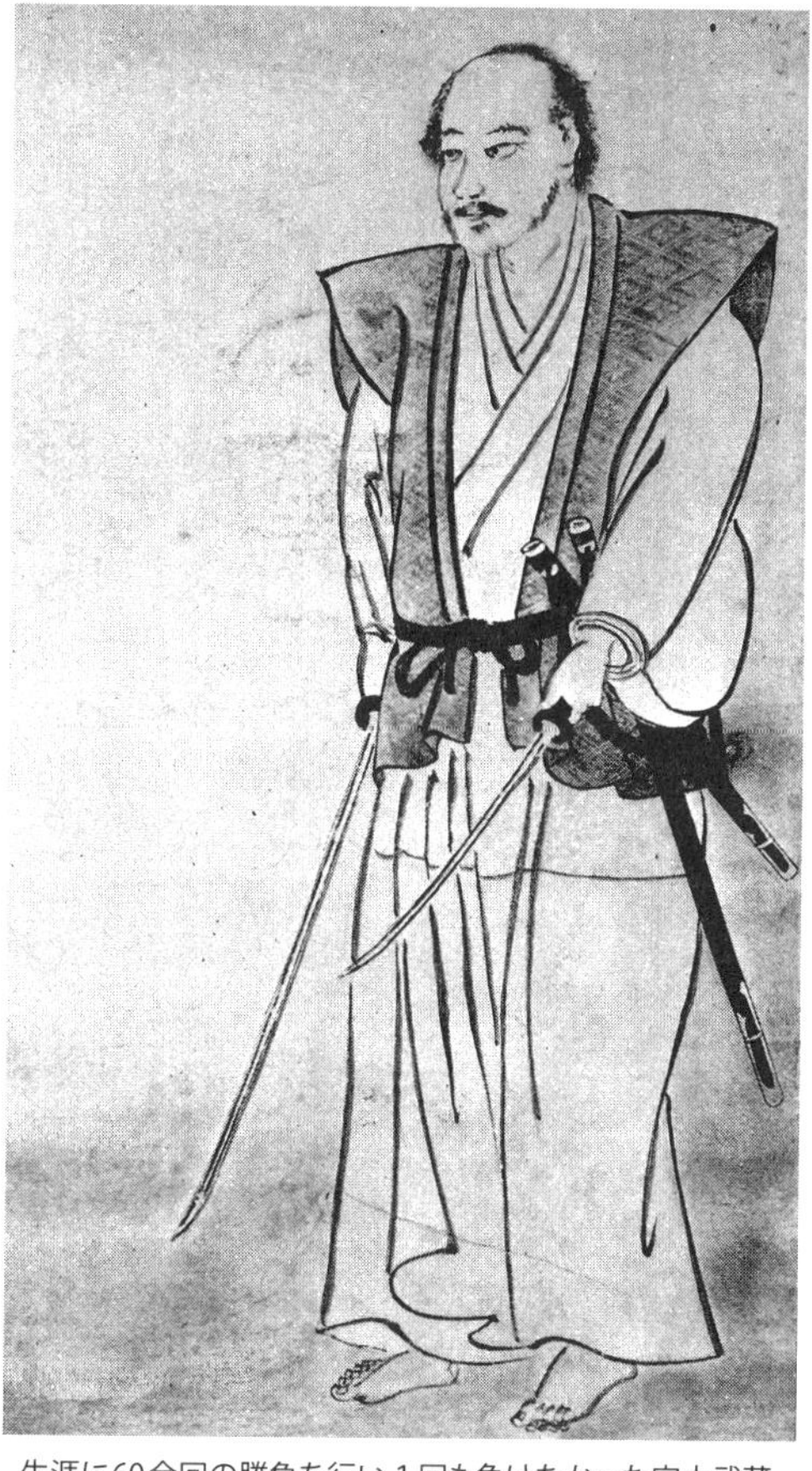

生涯に60余回の勝負を行い１回も負けなかった宮本武蔵

る。
まさに、武蔵の胸のすくような活躍ぶりだ。これこそ吉川英治の『宮本武蔵』でわれわれがよく知っている剣豪武蔵の姿である。しかし、こうした吉岡兄弟並びに吉岡一門との対決について語られた同時代の客観的史料が一切なく、『吉岡伝』と『小倉碑文』のどちらが正しいのかいまだに決着はついていないのが本当のところだ。まさに、「言った者勝ち」の観は拭(ぬぐ)えないだろう。

もしも、『小倉碑文』に書かれたことが事実だとしたら、自らをアピールすることが上手な武蔵だけに、自分の著書『五輪書(ごりんのしょ)』や『独行道(どっこうどう)』に詳しく決闘の模様を書き残したはずだ。さらにまた、そんな大事件があったのなら、なぜ同時代の京都に住む知識人の日記などにそのことが登場しないのか、それも不思議だ。

▼武蔵との対決後、大坂の陣に参戦

いずれにしろ、武蔵に負けたから吉岡一門が滅んだというのは、明らかに間違いだ。なぜなら、『二天記』によれば武蔵と吉岡一門との決闘は慶長九年、武蔵二十一歳のときと記されているが、それから十年後の慶長十九年十月に行われた大坂冬の

陣において、吉岡兄弟は一門を引き連れて大坂城に入り、寄せ手の徳川方と戦っているという事実があるからだ。

少なくとも吉岡兄弟は、武蔵に敗れて廃人になったり、あるいは叩き殺されたりしたわけではなかったのだ。なお、この大坂の陣では、武蔵は水野勝成（みずのかつなり）の客将という立場で徳川方に参陣している。従来、武蔵は豊臣方についたと思われていたが、最近の研究では徳川方で間違いないようだ。かつてのライバル同士は東西に分かれて再び戦ったわけである。

通説では、吉岡流兵法はこの大坂の陣ののち、徳川に遠慮して道場を閉めたために没落したと言われているが、実際は少し違う。本当は、大坂冬の陣の直前に道場を閉鎖していた。というのも、そのころ吉岡兄弟の従弟（いとこ）に清次郎（せいじろう）（吉岡重堅（しげかた））という者がいて、その清次郎が刃傷（にんじょう）事件を起こしたため、事件に連座して道場の閉鎖を余儀なくされたのである。事件の顛末（てんまつ）はこうだ。

▼従弟の清次郎、禁庭を血で汚す

清次郎は吉岡兄弟にひけを取らない剣の達者で、兄弟と力を合わせて道場を盛り立てていた。そんなある日、朝廷において一般市民に開放しての盛大な猿楽興行が催されることになり、清次郎も見物に出かけた。

禁門は大変な混雑で、警備に当たっていた所司代の役人が、「おい頭を低くしろ」などと言いながら清次郎の頭を三度、杖で叩いたという。その役人は清次郎が何者であるか明らかに知っている態度だった。役人は日頃から腕自慢で、「吉岡流がなにほどのものか」とタカをくくっていたのである。

清次郎はその場は黙って引き下がったが、自宅から愛用の刀を持ち出して禁門に戻ってくると、さっきの無礼な役人を目ざとくみつけて近寄るなり、「覚えたかっ！」と真っ向唐竹割りにした。

場内に女どもの悲鳴があがった。たちまち清次郎は警備の役人に取り込まれたが、さすがに剣の奥義を極めた達人だけに、役人たちは身軽な動きをみせる清次郎の体に触れることもならず、逆にバッタバッタと斬り倒されていった。

ところが、死者が六～七人も出たところで、清次郎は突然持っていた愛刀を放り出し、合掌を始めたではないか。次々に襲ってくる新手の役人をみて、とうとう観念したのだった。こうして清次郎は四方八方から迫ってくる刀槍を五体に受け、絶命したのである。

喧嘩の大本は役人の側にあるとはいえ、禁庭を血で汚した張本人であることに変わりなかった。事件を聞いた徳川家康は「当人はすでに死んでいるのだから、一族にまで刑罰を与えなくてもよかろう」と寛大なところをみせ、吉岡兄弟を罰するようなことはしなかった。そのかわり、剣術指南の看板を下ろすよう兄弟に命令したという。

▼剣を捨て染物業を始める

この禁門刃傷事件が起こった年月は史料によってまちまちだ。最も信頼性が高い『駿河政事録』は慶長十九年六月二十九日とあり、このほか『吉岡伝』は同十八年、『武芸小伝』と『武徳編年記』は同十九年六月二十二日、『古老茶話』は同十六年六月二日としている。

いずれにしろ、慶長十九年十月の大坂冬の陣の直前に起こった事件であることは間違いないようだ。この事件によって吉岡兄弟は剣術を続けられなくなり、行く末を案じていたところに大坂の陣である。兄弟はこれこそ家名再興の好機と奮い立ったことは想像に難くない。ところが、味方した豊臣方の敗北によってその夢も露と消えてしまった。

その後の吉岡兄弟だが、一族の糊口（ここう）をしのぐためにある商売を始めた。染物（そめもの）業である。たまたま道場に、明（みん）人李三官（りさんかん）という者が剣の修行に来ており、その者からそれまで日本になかった黒茶染の技術を学んだという。

吉岡染とも憲法染とも言われたこの染物は小袖（こそで）などに採用され、江戸時代を通じて人気があった。京都の多くの染物屋が吉岡家からその技術を学び暖簾（のれん）分けされたことから、京都の染物業者の中には今も吉岡姓の家が伝わっている。

宮本武蔵によって一門が滅亡に追い込まれたという誤った汚名を着せられた吉岡の名は、今も染物業界で脈々と受け継がれていたのである。

高級遊女・高尾太夫が身請け後に刻んだ謎の「足どり」

▼世間から隔絶された別世界

吉原は元和三年（一六一七）、二代将軍秀忠の時代に幕府が認めた公許の遊女町——遊廓として誕生した。最初は、現在の東京・日本橋のあたりにあったが、そのうち江戸市中の発展に伴い、悪所（吉原のこと）がすぐ近くにあるのは風紀上よろしくないと考えた幕府の命令で遠方への移転を余儀なくされる。

その新しい移転先こそ、当時はのどかなたんぼ風景が広がる浅草・浅草寺裏手の千束村だった。ここで営業を再開したのは明暦三年（一六五七）のことである。当時、以前の吉原は「元吉原」、移転後の吉原は「新吉原」と呼ばれた。その後、昭和三十二年（一九五七）に売春防止法が施行されるまで、元吉原時代から数えて三百四十年間にもわたって吉原遊廓は営業を続けたわけである。

吉原（通常、吉原といえば新吉原を指すため本書もこれにならう）はやや長方形の区画で、総面積はざっと二万七百六十坪。東京ドームの約一・五倍の広さである。四方を黒板塀が取り囲み、その外には堀（通称お歯黒どぶ）がめぐらされていた。四隅が東西南北になっていたのは、床を取ったときに北枕にならないための知恵という。

大門と呼ばれる、廓に一つしかない出入り口から中に入ると、前に広い通りが伸びており、その左右に大小の妓楼（遊女屋）や茶屋が立ち並んでいた。日常使う雑貨を売る店や銭湯まであり、廓全体が一つの町になっていた。この世間から隔絶された別世界に、春をひさぐ女性――遊女は二千～四千人もいた。江戸後期の嘉永・安政期になると一時七千人近くいたこともあったという。

そんな遊女たちのほとんどが、貧しい農村や没落した武家・商家から売られてきた娘たちだった。いわゆる人身売買である。一夜の快楽を求めて登楼する男たちの欲望のはけ口となって体を切り売りした彼女たちの末路とは一体どんなものだったのだろうか。江戸時代、遊女のなかでも最上級を誇った高尾太夫の足跡を辿りながら、そのあたりを述べてみたい。

▼庶民には高嶺の花の高尾太夫

吉原の遊女には階級があり、なかでも江戸の初期から中期にかけて「太夫」と呼ばれる、最高級の遊女が存在した。もともと太夫は女歌舞伎の役者に与えられた尊称だったという。

たんに美人で姿が良いというだけではだめで、頭が良くて愛嬌があり、しかも筆と文が立ち、客を飽きさせないため茶道、花道、碁将棋、舞踊、三味線、琴、歌、和歌、俳諧(はいかい)……までたしなむというスーパーウーマンであった。妓楼側では、これはと見込んだ少女がいると、早くから投資をし、太夫になるための英才教育を施した。したがって、吉原全体で二千〜四千人の遊女がいたとしても、太夫を名乗れる高級遊女はそのうちの千人に一人、つまり三〜五人ほどしかいなかったという。

客はそうした太夫と一晩を共にしたいと思うと、目の玉が飛び出るほどの出費を覚悟しなければならなかった。まず、引手(ひきて)茶屋に入って、そこで芸者や幇間(ほうかん)（太鼓持）を呼んでひと騒ぎし、それからようやく太夫がいる妓楼に出向くという手順を踏まなければならず、宴会の費用や関係者への祝儀まで含めると、一晩に十〜二十両（大体百万～二百万円）もかかったという。そのため、庶民には高嶺の花だったと言われている。

▼五億～六億円を投じて身請け

そんな太夫の中でも、史上もっとも名高いのが高尾太夫であろう。まさに高尾こそは太夫の中の太夫であった。高尾太夫は高級妓楼「三浦屋」の抱え遊女で、一人ではなくその時々で最高の遊女が襲名した。史上十一人（七人説、十人説もあり）の高尾太夫がいたとされ、それぞれ虚実入り乱れた伝説を後世に残している。

このなかで比較的足跡がわかっている六代高尾、通称榊原高尾について語ってみよう。六代高尾の出自は、深川浄心寺の門番の娘とも深川六軒堀の髪結の娘とも言われ、はっきりしない。いずれにしろ、貧しさから売られたことは間違いない。

高尾十九歳のとき、播州姫路十五万石の藩主榊原政岑に見初められる。政岑はこのとき二十六歳。参勤交代で江戸へ出府し、音に聞こえた遊廓吉原を一度見てみたいと思ったのが運の尽き。高尾の美しさに一瞬で参ってしまった政岑は、大枚六千両をはたいて高尾を身請けする。寛保元年（一七四一）六月のことで、今日の貨幣

■吉原の見取り図

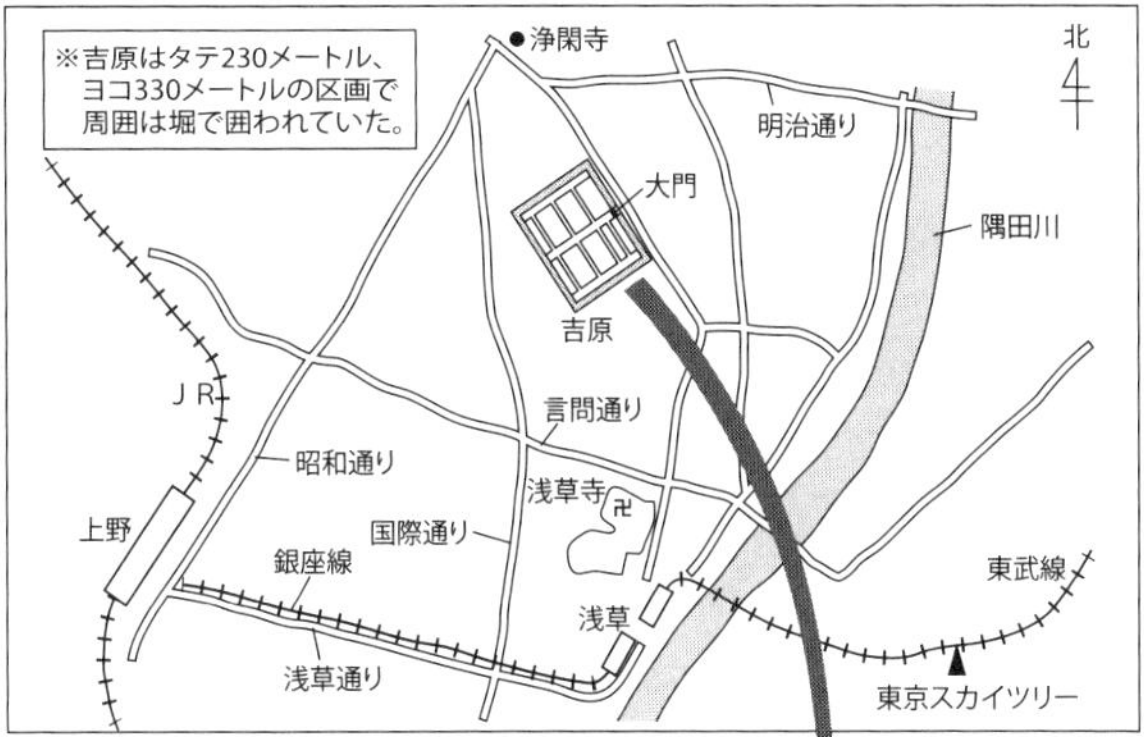
※吉原はタテ230メートル、
ヨコ330メートルの区画で
周囲は堀で囲われていた。
浄閑寺
北
明治通り
大門
隅田川
吉原
JR
言問通り
昭和通り
浅草寺
上野
国際通り
銀座線
東武線
浅草
浅草通り
東京スカイツリー

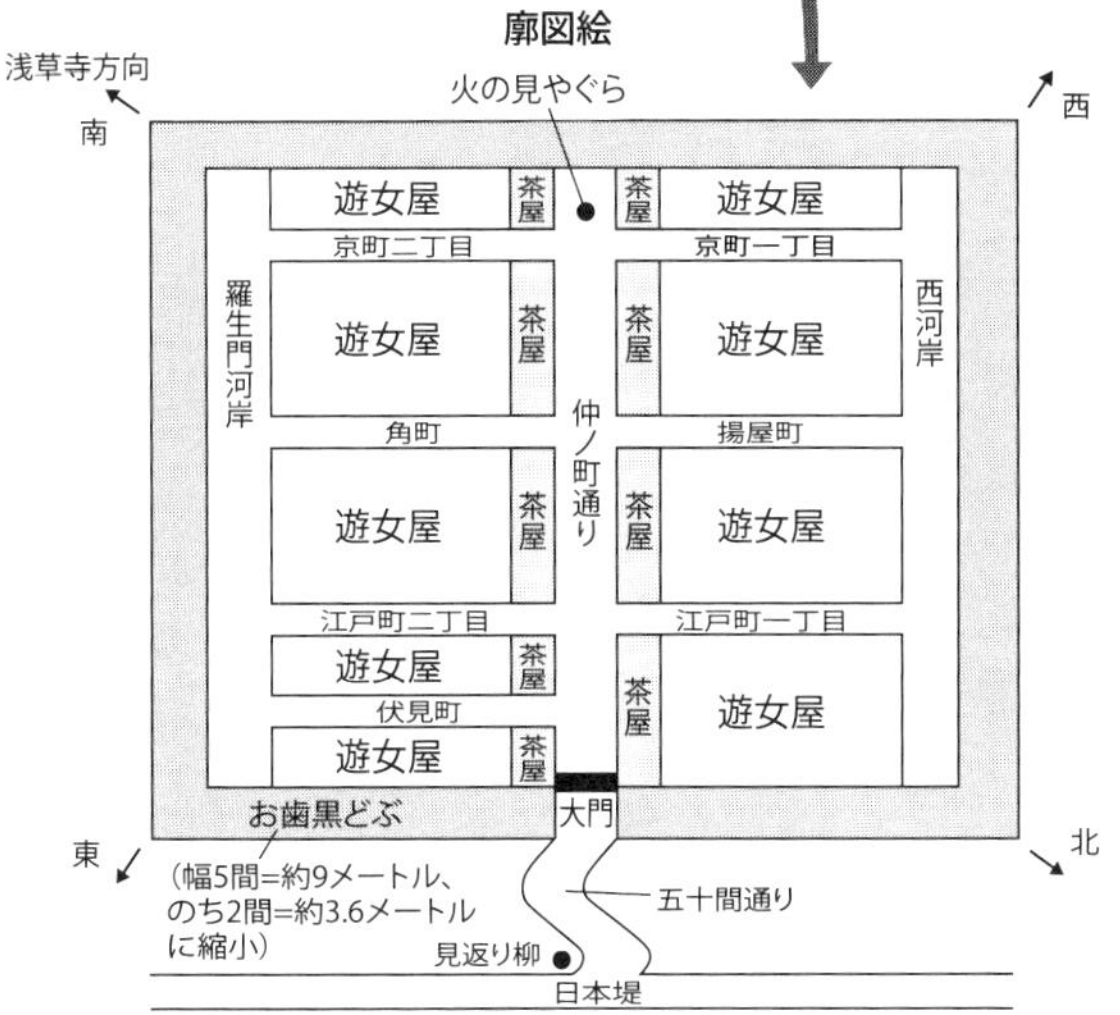
廓図絵
浅草寺方向
南
火の見やぐら
西
遊女屋
茶屋
京町二丁目
京町一丁目
羅生門河岸
西河岸
角町
揚屋町
仲ノ町通り
江戸町二丁目
江戸町一丁目
伏見町
お歯黒どぶ
大門
東
北
（幅5間=約9メートル、
のち2間=約3.6メートル
に縮小）
五十間通り
見返り柳
日本堤

価値にすれば五億〜六億円にもなるという。

　内訳は、身請け金こそ二千五百両だが、その祝いとして別途三千両を出して吉原中の遊女を総揚げし、どんちゃん騒ぎをした。その他雑費が五百両で、しめて六千両という計算。総揚げした翌朝、政岑は高尾を伴い、上野池之端にある榊原家の下屋敷まで行列を作って練り歩くというパフォーマンスまで行っている。当代一の美女を手に入れ、政岑はよほどうれしかったのだろう。

▼尼となってその後四十年を生きる

　折しも、八代将軍吉宗の治世で、質素倹約をスローガンに掲げた「享保の改革」の真っただ中である。幕府の方針にこれみよがしに逆らう政岑のこの派手なふるまいは、すぐに幕閣に伝わり、榊原家の留守居役尾崎富右衛門が呼び出しを受ける。このとき富右衛門は、

「実は高尾太夫と申す者は、政岑さまの乳母の子で、遊女に落ちたのを不憫に思い、身請けしたまでのこと」

　と、噴飯ものの申し開きをしている。当然、そんな弁明が通るはずもなく、同年

十月、政岑は幕府から行跡よろしからずと隠居を命じられる。改易の憂き目に遭わなかったのは、榊原家が家康以来の功臣ゆえであった。それでも姫路から越後（新潟県）高田への国替えを命じられている。

その後、政岑は高尾を伴い草深い越後高田へと下って行くが、高田に入って約九カ月後の寛保三年二月、三十一歳の若さで急死してしまう。幽閉状態に置かれたことが精神的に余程こたえたのであろう。そうなると榊原家にとって残る問題は、側室（妾）となったものの殿さまに死なれてしまった高尾の扱いである。乳母の娘と申し開きした手前もあり、このまま榊原家から放逐するわけにはいかなかった。

そこで高尾は髪を落として尼となり、上野池之端の下屋敷に住むことになった。その下屋敷では天明九年（一七八九）に六十八歳で亡くなるまでなんと四十年以上も籠の鳥生活を続けたという。高尾にとって政岑に身請けされたことがはたしてしあわせだったのだろうか。

▼衣裳や布団は自前で用意

六代高尾の一生をざっとたどってきたが、少なくとも衣食住には困らない生活を送れただけ、彼女の一生はまだましかもしれない。というのも、一度遊女となった女は、ほとんどが不幸な末路を迎えているからだ。

一般的に吉原の遊女になると、十八から二十八歳の誕生日を迎えるまで丸十年間、店に出て春をひさぐ決まりだった。いわゆる年季奉公である。この間に、身を売ったときに親が受け取ったお金（前借金）を働いて返さなければならなかった。しかし、遊女の取り分は少なく、揚げ代や酒色での代金のうち七五％も楼主に搾取された。

残りの二五％も丸々遊女に入るわけではなく、粗末な食事こそ用意されたが、あとの衣裳や布団、化粧品やかんざしなどは自前であったため、その少ない中からそれらの損料を払うと雀の涙ほどしか残らないか、かえって赤字がかさむ場合も多かった。

そのため約束の十年が経ってもまだ借金が返せないでいる例はザラで、そうなると店の雑用係となって働くか、容色のよい女なら岡場所（非公認の遊廓）に売られて、今度はもっとひどい環境で客を取らされるはめに陥った。しかし、中には十年の年季が明けて借金も返し終え、晴れて自由の身となって、かねて言い交した男と所帯を持つ女も少なからずいたようである。

年季が明ける前にこの苦界（吉原のこと）から抜け出す方法がないわけではなかった。一つには、お金のある客に身請けされることだ。先に紹介した六代高尾の例がこれにあたる。裕福な商人や武家に身請けされ、正妻や妾として迎えられることが、遊女たちの唯一無二の願望だったのである。

しかし、この身請けには大金が必要になるため、そう頻繁にあることではなかった。残る方法は、死ぬことだ。つとめの辛さに耐えかね、患って死んでしまった者だけが、この廓の中から外へ出ることができたのである。

▼まだ息があっても投げ込み寺へ

こうした場所では、早死にする女が普通だった。予期しない妊娠による堕胎で体を壊したり、かさと呼ばれる梅毒や労咳（肺結核）にかかったりして死ぬ例も多かった。また、辛い労働や廓ならではの厳しい掟に耐えきれず、客と心中するなどして自ら死を選ぶ女もいた。これは江戸後期の大坂の遊廓の話だが、仲のよい朋輩が楼主からひどい折檻を受けるのを目の当たりにし、その恐怖から四人の遊女が一斉に自殺してしまったという。

こうした病死や自殺が多かったため、吉原の遊女たちの平均寿命は、身請けされた者を除くと、二十二〜二十三歳という若さだった。十年の年季を無事につとめ上げるほうがむしろ少数派だったのである。

遊女に病気で寝込まれ、商品価値がなくなったと判断されると楼主は非情で、まだ息があっても三ノ輪（南千住）の浄閑寺、通称投げ込み寺の墓穴に放り込ませたという。この寺には一説に、のべ二万人もの遊女が葬られているという。この数字はかなり誇張があるようだが、話半分としても一万人だから、やはり大変な人数には変わりない。

心中や足抜け（廓を無断で出ようとすること）、廓内での密通、枕さがし（泥棒）などを働いて死んだり折檻死したりした遊女になると、寺の過去帳に、死んだ日にちのほか「売女」と短く書かれるくらいで、本名はおろか源氏名、年齢さえも記されなかった。まさに、無縁仏である。苛酷な労働を強いられたせいで死に、そのあげくが「売女」の二文字では、あまりにかわいそうだが、これが江戸吉原の遊女の実態なのである。

蝦夷地を探検した秀才・近藤重蔵が後に流罪となるまで

▼二十八歳から五度も蝦夷を探検

江戸時代後期の北方探検家、近藤重蔵（こんどうじゅうぞう）をご存じだろうか。この近藤同様に北方を探検し、間宮海峡を発見した間宮林蔵（まみやりんぞう）とは同時代を生きた人物である。

このころ、ロシアの商船や軍艦が盛んに蝦夷（えぞ）（北海道）近海に出没していた。そこで幕府はロシアの脅威に対抗するため蝦夷を直轄地とする必要があると考え、近藤や間宮らを蝦夷に派遣して地理や風土を調べさせたのであった。

近藤は二十八歳からの約十年間で、幕府に命じられて蝦夷を五度も探検している。特に、今日では北方四島と呼ばれる国後（くなしり）島や択捉（えとろふ）島にも足を伸ばし、北方四島の中では最も東にある択捉島の北端に、この島が日本の領土であることを示す標柱を立てたことでも名を残している。

近藤はこの蝦夷地探検で特に道路の建設や航路の開拓、アイヌとの交易などに力を入れた。また、蝦夷の中央部から日本海側（石狩湾）に向かって流れる石狩川の存在を知るや、当時は原生林に覆われていた札幌の重要性を説き、札幌を蝦夷地経営の拠点とするよう幕府に具申してもいる。まさに近藤重蔵こそは、その後の札幌発展の先鞭をつけた人物でもあったのだ。

探検から戻った近藤は、その有能ぶりが幕府に認められ、幕臣は幕臣でも、それまでの御家人の身分から旗本へと異例の栄達を遂げている。

ところが、その後の近藤の足跡をたどると思わぬ不幸に見舞われ、失意のうちに亡くなったことがわかった。一体、偉大な探検家の身にどんな不幸な出来事が降りかかったのであろうか。

▼蝦夷地調査の意見書を幕府に提出

近藤重蔵は明和八年（一七七一）、御手先組与力の子として、江戸・駒込に誕生した。与力は町奉行を補佐する重い役目を担っていたが、職掌柄、罪人を扱うため不浄役人と蔑まれ、将軍には謁見が許されない御家人の身分だった。

重蔵は幼児期から秀才ぶりを発揮し、八歳ごろには四書五経（儒学の経典）を悉く諳じるほどだった。また、十七歳のときには私塾「白山義学」を開いてもいる。

二十歳になった寛政二年（一七九〇）のとき、隠居した父に替わって町与力として出仕する。同六年、湯島聖堂で開かれた学問試験「学問吟味」において、重蔵は最優秀で合格する。合格者は約六人に一人という狭き門だった。このとき、あの桜吹雪の金さんこと遠山金四郎の父遠山景晋、狂歌で有名な大田南畝（蜀山人）らも一緒に合格している。

この試験が出世の糸口となり、重蔵は翌年、長崎奉行所への赴任を命じられる。その二年後の寛政九年、江戸に帰参すると、幕府の勘定方に勤める。町与力の身分からは異例の栄達だった。

翌寛政十年（一七九八）、ロシア船が蝦夷地近海に出没しはじめたことを知った重蔵は、蝦夷地調査の意見書を幕府に提出する。これが即採用され、重蔵は蝦夷地へと向かう。道案内は、蝦夷地に何度も上陸したことがある探検家の最上徳内がつとめた。

その後、約十年間にわたって重蔵は蝦夷地探検を重ねた。最後の探検は文化四年（一八〇七）に行った西蝦夷探検で、帰国後、重蔵はときの十一代将軍徳川家斉に謁見を許されるという栄誉に浴する。その際、重蔵は札幌の重要性を家斉に力説したという。

こうした度重なる蝦夷地探検の功により、学才があった重蔵は文化五年、三十八歳で江戸城紅葉山文庫（歴代将軍の図書館）を管理する書物奉行に抜擢される。探検家、学者、能吏として、ここまでは順風満帆の人生だった。重蔵の目の前にはますます明るい未来が開けているように見えたのだが……。

▼自信過剰で独断専行の性格が災いを招く

書物奉行の仕事は、蔵書の管理に始まり、収集、分類、整理、保存、調査など多岐にわたる。重蔵はそれこそ寝る間も惜しんで膨大な蔵書に一冊一冊目を通し、時間があると著述に没頭した。ところが、文政二年（一八一九）、とつぜんその書物奉行の職を解かれ、大坂勤番御弓奉行への左遷を命じられる。

理由ははっきりしないが、秀才にありがちな自信過剰で独断専行、人を人とも思わない尊大な態度が周囲に嫌われたものと考えられている。そうした重蔵の性格を端的に伝える一つの逸話を紹介しよう。

ある日のこと、将軍の鷹（たか）を飼育している鷹匠（たかじょう）と重蔵が道で行き合った。鷹匠は腕に鷹を止まらせ、「御鷹（おたか）、御鷹」とふれながら、道の真ん中を悠々と歩いてくる。普通なら、人々は後難を恐れて道をあけ、鷹匠が通り過ぎるのを頭を下げてじっと待つのだが、重蔵は違った。

何を思ったか重蔵は、「御人（おひと）、御人」と声を張り上げながら、鷹匠にずんずん迫っていくではないか。一瞬驚いた鷹匠だったが、重蔵を「狂人」と判断し、体がぶつかる直前に自分からあわてて道をよけたという。

このように、学才があって、堂々と正論を吐く重蔵の存在が周囲から煙たがられたことは想像に難くない。案の定というべきか、次の御弓奉行もすぐに解任されている。そのため重蔵は幕臣としての出世をあきらめ、江戸・滝野川村に引きこもってしまう。文政四年（一八二一）、重蔵五十一歳のときであった。

その後、著述で気を紛（まぎ）らわせる重蔵であったが、やがて思わぬ不幸が降りかかる。その不幸をもたらしたのは他でもない、重蔵の長男富蔵（とみぞう）であった。

▼父と子の間に横たわる深い溝

近藤富蔵は文化二年（一八〇五）、重蔵三十五歳のときに生まれた子だ。当時の重蔵は女性関係が激しく、妻や愛人を取っ換え引っ換えしていたころで、富蔵の母も何が原因か富蔵を生んですぐ近藤家を出されている。

そんなわけで富蔵は父重蔵になつかず、幼少期から重蔵に逆らってばかりいた。わが父が当代一流の学者であるということも、富蔵にとっては重荷だったようで、学問には一切目を向けなかった。父と子の確執は深まる一方だった。

その富蔵が二十二歳のとき、世間を騒がせる刃傷（にんじょう）事件を起こしてしまう。事件の顛末（てんまつ）はこうである。

当時の近藤家は本宅のほかに、三田村鎗ケ崎（やりがさき）（現在の中目黒のあたり）に広大な土地を所有していた。文政二年、富士講の信者たちに懇願（こんがん）され、そこに富士塚を造ることになった。富士塚とは、文字通り富士山を模して造られた人工の塚――ミニ富士山で、実際にはなかなか富士山まで足を運んでお参りに行けないという江戸っ子にそれを疑似体験してもらうために造営されたものだ。今日でも、東京都内の数カ所で実物を見ることができる。

この中目黒で造営された富士塚は、目黒新富士、東富士などと呼ばれ、連日参詣客でにぎわった。周辺に参詣客目当ての露店も出るほどだった。重蔵からこの富士塚の管理を任されていたのが富蔵だ。

富蔵は露店用にと博徒あがりの塚原半之助という者に富士塚のそばの土地を貸していたのだが、所場代を請求すると半之助はいつものらりくらりと言い逃れして支払いを拒否した。ある日のこと、富蔵はまたも所場代をめぐって半之助と喧嘩になり、そのあげく、半之助の子供を含む一家七人を殺傷してしまったのである。

▼八丈島でがぜん学問に目覚める

富蔵はすぐに拘束され、取り調べを受けることになった。調べてみると、半之助は所場代を払わないいばかりか、ワル仲間と共謀して富蔵に普段からなにかと嫌がらせをしていたことが判明する。半之助は富蔵を鎗ケ崎から追い払い、近藤家の土地を横取りしようと裏で画策していたのである。

そこで情状酌量の余地ありとして、本当なら死罪になるところだが罪一等を減じられ、文政十年（一八二七）、二十三歳の富蔵は八丈島へと流される。

一方、父である重蔵は「家事不行届き」としてこの事件に連座し、近江国（滋賀県）大溝藩に預けられる。かの地で重蔵は植物採取などをして静かに余生を過ごした。文政十二年、重蔵は五十九歳で亡くなった。死因は痛風だったという。

八丈島に流された富蔵のその後だが、どうした風の吹き回しか、がぜん学問に目覚め、島の若者や子供たちに読み書きを教える傍ら、島の地理や歴史、風習、特産品、住民の系図などに関する地誌書の執筆に精魂を傾け始める。おそらく環境が大きく変わったことで、それまで富蔵の体の中に眠っていた、父から受け継いだ学者の血が騒ぎだしたのであろう。

富蔵がのちに完成させたその『八丈実記』は六十九巻に及ぶ大作で、のちに八丈島の百科事典と称された。民俗学者の柳田国男は富蔵に対し「日本における民俗学者の草分け」との評価を与えている。

富蔵は明治十三年（一八八〇）、七十六歳のときに政府から赦免され、いったん本土に戻ったが、すぐに帰島している。その後富蔵は、島の人々に慕われながら穏やかに暮らし、明治二十年（一八八七）、八十三歳で没した。

泣く子も黙る首切り役人・山田浅右衛門は明治の世をどう歩いたか

▼御試御用役が首斬り役を兼ねる

江戸時代、将軍家の御佩刀御試御用役という名の「首斬り」を生業とする一族がいた。それが代々の山田浅（朝）右衛門である。初代浅右衛門貞武から二代吉時、三代吉継、四代吉寛、五代吉睦、六代吉昌、七代吉利、八代吉豊、九代吉亮と九人いた。

御試御用とは本来、将軍家が所有する刀剣の切れ味を、人間の死体を使って試す役目のことである。

一方、そのころ町奉行所には「首斬り同心」というのがいて、死罪人の斬首を担当していた。彼らは、御試御用という役目の者が出てくると、「どうせ斬首された死罪人の亡骸で試し斬りをするのだから、いっそのこと斬首も御試御用の者にまかせてみよう」と考えるようになる。首斬り同心といっても人の子だ。誰だってそんな寝覚めが悪い役目はやりたくないのだ。結果的に御試御用役が死刑執行人、すなわち首斬り役を兼ねることになったという次第。

▼浅右衛門家だけに許された商売とは

明治十三年（一八八〇）七月、刑法・治罪法（ちざいほう）が公布（こうふ）され、「野蛮（やばん）である」という理由で斬首は廃止になったが、初代貞武から九代吉亮までの約百七十年間でざっと二千四百人もの罪人を斬首したという。

山田浅右衛門家は、将軍家の佩刀を扱うだけに、身分は浪人とはいえ、かなりの権威を有しており、愛剣家たちは競うように浅右衛門に新身（あらみ）（新刀のこと）の試し斬り（据え物斬りとも）を依頼した。

こうした試し斬りによって、例えば死体を二つ重ねて斬ることができれば「二つ胴」、三つ重ねなら「三つ胴」とその刀に銘（めい）が切られ、価値はグンと跳（は）ね上がった。ちなみに、記録に残る江戸時代の試し斬りの最高は、関兼房（せきのかねふさ）の刀で、「七つ胴」だったという。

このように試し斬りや刀剣鑑定の依頼が降るように舞い込むだけに実入（みい）りも多

く、代々の浅右衛門は万石の大名にも匹敵すると言われるほど内証は裕福だった。六代吉昌が活躍した天保年間には十二代将軍家慶の日光参詣に際し、吉昌が幕府に三百両もの大金をポンと献金していることからもその裕福ぶりがうかがえる。

そんな浅右衛門家は、不浄な死体を扱う仕事だけに世間からは「泣く子も黙る」と恐れられ、交際もごく身内だけに限られていた。しかも、斬首や試し斬りのほかに浅右衛門家だけに許されていた、ある商売も無気味さに拍車をかけていた。

その商売とは、死体から取り出した内臓を干して作る「人胆丸」の販売である。江戸時代、この種の薬は肺病の妙薬とされており、高値で飛ぶように売れたという。これにより浅右衛門家の内証はますます潤ったのである。

そんな首斬りを家業とする日本史上でも特異な浅右衛門家も、明治維新を迎え、斬首が廃止されると完全に存在意義を失ってしまった。最後の首斬り、九代吉亮は維新後をどう生きたのだろうか。

▼なんと十二歳で初の斬首体験

九代山田浅右衛門吉亮は七代吉利の三男で、八代吉豊の実弟に当たる。吉亮は少年のころから試し斬りの業に長けており、最初に罪人を斬首したのはなんと十二歳のときで、役人には十七歳と偽って土壇場（斬首の場）に臨んでいる。

これが慶応元年（一八六五）のことで、それから十六年後の明治十四年七月二十四日に市ケ谷監獄で強盗殺人犯二人を斬首したのが最後の首斬りとなった。その十六年間でのべ三百人の首を打ち落としたという。

のちに吉亮は報知新聞の取材を受けて、山田家にまつわる話や死刑執行の際のことなどを生々しく語り残している。自分が手にかけた罪人の中で印象に残っている人物として名前をあげたのが、強盗殺人の罪で処罰された高橋お伝という名の三十歳の女で、のちに小説や芝居で「毒婦」として扱われ有名になった。

処刑されたのは明治十二年一月三十日のことで、わが国の女囚最後の斬首刑だった。お伝は土壇場に座らされると泣き叫んで激しく暴れ、そのためいかな名人の吉亮も二度手元が狂い、三度目でねじ斬るようにしてどうにかこうにか首をかき落とした。これが吉亮にとっての首斬り稼業で唯一の遣り損ないだという。

ほかに、明治新政府打倒の陰謀により捕まった元米沢藩士雲井龍雄と大久保利通を暗殺した石川県士族島田一郎も印象深い処刑だったと語り残している。二人は最期のときを迎えても泰然自若としており、「やはり一流の人物は違う」と感銘を受けたという。

吉亮は斬首が廃止された二年後の明治十五年二月、二十九歳で市ヶ谷監獄の斬首役を解かれ書記に転身するが、仕事が合わなかったのかすぐに辞めている。その後は好きな俳句を読んだり、刀剣の鑑定を引き受けたりして悠々自適に過ごした。

▼生活費に困って知人に借金も

吉亮は中年期になると生活費に困るようになり、知人の表具師の家をたびたび訪れ、小遣いを無心している。知人が小遣いを出すまで何日でも居候を決め込んだというから相当図太い神経の持ち主だ。

吉亮という人は、体格は小柄だが眼光が鋭く、常に異様な迫力を全身から漂わせていた。ある特殊能力の持ち主でもあり、それは人相を見て、その人が死ぬ日をピタリと言い当てるという能力だった。百発百中、まず外すことがなかったという。職掌柄、人の生死の境に何度も立ち会ってきただけに、そんな超常的な能力が自然と身に備わったのであろう。

それにしても不思議なのは、江戸の世では万石の大名並みと言われるほど内証が裕福だったはずなのに、中年期になってからの吉亮のこの零落ぶりをどう解釈したらよいのだろう。蓄えはどこへ消えたのだろうか。

その答えは、代々の浅右衛門の散財にあった。山田家では毎晩のように町芸者を呼ぶなどして飲めや唄えやの大宴会が催されていたという。また、無縁仏のための供養塔を建てたりするのにも熱心だった。七代吉利のときだけでも無縁仏碑建立が二十一カ寺にも及んだという。おそらく吉亮も先代たちと同じようなことをして散財したに違いない。したがって、蓄えはほとんど底をついていたのである。

これは吉亮もそうだが、代々の浅右衛門は斬首や試し斬りでお金を稼ぐことに常にどこか後ろめたさを感じており、手に入ったお金を蓄えようなどという気はさらさらなかったようだ。夜ごと酒色にうつつをぬかし、ときには仏の慈悲にすがる――そうでもしなければきっと精神の均衡を保つことができなかったに違いない。首斬り人ならではの悲劇と言えよう。

吉亮は明治四十四年、東京・四谷の床屋に居て脳溢血で急死した。享年五十八。その後、山田家には不幸が相次ぎ、昭和に入ると跡継ぎがなく断絶した。

■主な参考文献

「日本全史」（講談社）、「相撲の歴史」（新田一郎）「日本書紀」（宇治谷孟／以上、講談社学術文庫）、「合戦の日本史」（安田元久監修／主婦と生活社）、「明治の群像」（伊藤隆監修／実業之日本社）、「戦国武将百人百言」（山村竜也／ＰＨＰ研究所）、「歴史を動かした男たち　古代・中近世編」「同　近世・近現代編」（以上、高橋千劔破／中公文庫）、「江戸の備忘録」（磯田道史／文春文庫）、「幕末維新人物１００話」（泉秀樹／立風書房）、「歴史と旅　平成7年2月号」「同　臨時増刊　昭和53年11月号」「同　特集・真犯人を探せ」「臨時増刊57　謎と異説の日本史総覧」「日本史暗殺１００選」（森川哲郎）「日本史異説１００選」（尾崎秀樹編著／以上、秋田書店）、「歴史読本　81年11月号」「同　93年10月号」「同　95年10月号」「同　03年９月号」「同　06年7月号」「同　07年11月号」「同　事典にのらない日本史有名人の晩年」「同　歴史のその後」「同　知ってるつもりの日本史」「同　徳川３００藩最後の藩主」「同　子孫が語る幕末維新人物１００」「歴史読本スペシャル　82年8月号」「同　87年5月号」「同　87年11月号」「同　10年7月号　知っておきたい幕末史の新・視点」「別冊歴史読本　江戸時代考証総覧」「同　誰も書かなかった戦国武将９６人の真実」「同　事典にのらない日本史有名人の晩年と死」「同　日本史有名人の子ども」「同　教科書が教えない日本史素朴な疑問」「同　日本史のカラクリ」「同　間違いだらけの歴史常識」「同　戦国武将の晩年と最後」「同　幕末維新を生きた１３人の女たち」「同　歴史を変えた女たち」「同　日本史・疑惑の重大事件１００」「同　特別増刊　日本の英雄３５０人とっておき裏話」、「同　84年5月号　日本史その後どうしたどうなった?」」『天下取り採点　戦国武将205人』『教科書が教えない　歴史有名人の晩年と死』『ご臨終　死の瞬間ドラマ』『幕末維新暗殺秘史』『歴史のその後』（以上、新人物往来社）、『歴史読本　特集　戦国武将の後継者』（中経出版）、『コンサイス人名辞典　日本編』（三省堂）、『朝日　日本歴史人物事典』（朝日新聞社編）、『日本奇談逸話伝説大事典』（志村有弘・松本寧至編／勉誠社）、『歴史人15年4月号』『日本暗殺総覧』（泉秀樹／以上、ベスト新書）、『戦国武将　逆転・復活への闘い』（二木謙一監修）『戦国史が面白くなる「戦国武将」の秘密』（渡邉大門／以上、洋泉社）、『相撲大辞典』（金指基・財団法人日本相撲協会監修／現代書館）、『仇討ち　日本史人物伝』（日本文芸社）、『東京人　「江戸吉原」闇が生み出す江戸の虹』（都市出版）、『横綱傳』（彦山光三）『相撲別冊夏季号　大横綱双葉山とその巨大な足跡』（以上、ベースボール・マガジン社）、『図説　2・26事件』（太平洋戦争研究会編・平塚柾緒著／河出書房新社）、『考証　日本武芸達人伝』（綿谷雪／国書刊行会）、『縛られた巨人　南方熊楠の生涯』（神坂次郎／新潮社）、『前田慶次　真実の傾奇録』（菊地秀一／宝島社）、『大阪城の男たち　近世実録が描く英雄像』（高橋圭一／岩波書店）、『「その後」が凄かった！関ケ原敗将復活への道』（二木謙一編著／SB新書）

青春文庫

その後の顚末
誰も知らなかった日本史

2017年2月20日　第1刷

編　者　歴史の謎研究会
発行者　小澤源太郎
責任編集　株式会社プライム涌光
発行所　株式会社青春出版社

〒162-0056　東京都新宿区若松町12-1
電話 03-3203-2850（編集部）
03-3207-1916（営業部）
振替番号　00190-7-98602

印刷／大日本印刷
製本／ナショナル製本
ISBN 978-4-413-09665-2